Direito Penal
MÉDICO

S729d Souza, Paulo Vinicius Sporleder de

Direito penal médico / Paulo Vinicius Sporleder de Souza. – Porto Alegre: Livraria do Advogado Editora, 2009.

149 p.; 23 cm.

ISBN 978-85-7348-651-3

1. Médico: Aspectos jurídicos. 2. Médico: Responsabilidade penal. 3. Médico: Responsabilidade profissional. 4. Bioética. I. Título.

CDU – 343:614.25

Índices para catálogo sistemático:

Médico: Aspectos jurídicos	343:614.25
Médico: Responsabilidade penal	343:614.25
Médico: Responsabilidade profissional	614.25
Bioética	34:575

(Bibliotecária responsável: Marta Roberto, CRB-10/652)

Paulo Vinicius Sporleder de Souza

Direito Penal
MÉDICO

livraria
DO ADVOGADO
editora

Porto Alegre, 2009

Capa, projeto gráfico e diagramação
Livraria do Advogado Editora

Revisão
Rosane Marques Borba

Direitos desta edição reservados por
Livraria do Advogado Editora Ltda.
Rua Riachuelo, 1338
90010-273 Porto Alegre RS
Fone/fax: 0800-51-7522
editora@livrariadoadvogado.com.br
www.doadvogado.com.br

Impresso no Brasil / Printed in Brazil

Esta obra é dedicada aos queridos Mestres e amigos
(em ordem alfabética):

Alberto Silva Franco
Carlos María Romeo Casabona
Cezar Roberto Bitencourt
Gabriel José Chittó Gauer
Joaquim Clotet
Jorge de Figueiredo Dias
Manuel da Costa Andrade
Ricardo Timm de Souza
Ruth Maria Chittó Gauer
Salo de Carvalho

merecedores do meu reconhecimento e gratidão
pelos sábios ensinamentos.

Sumário

Nota prévia 11

1. Considerações jurídico-penais acerca das intervenções biomédicas 13

1.1. Tratamento curativo 14

1.2. Experimentação (ou pesquisa) terapêutica 15

1.3. Experimentação (ou pesquisa) não terapêutica 19

1.3.1. Experimentação (ou pesquisa) não terapêutica com fins reprováveis 21

1.4. Considerações finais 22

2. O médico e o dever legal de cuidar: aspectos jurídico-penais 25

2.1. A culpa penal médica 25

2.1.1. Violação do dever objetivo de cuidado 26

2.1.2. Previsibilidade objetiva do resultado 28

2.1.3. Princípio da confiança 29

2.1.4. Previsibilidade subjetiva 31

2.1.5. Potencial consciência da ilicitude e exigibilidade de conduta diversa 32

2.2. A omissão penal médica 32

2.2.1. Omissão própria 33

2.2.2. Omissão imprópria 34

2.2.3. Potencial consciência da ilicitude e exigibilidade de conduta diversa 36

2.3. Considerações finais 36

2.4. Jurisprudência 37

3. O médico e o dever de informação: aspectos jurídico-penais 53

3.1. O dever de informação na relação médico-paciente 53

3.2. Objetivo, conteúdo e intensidade do dever de informação 56

3.3. Responsabilidade penal do médico por omissão de informação 60

3.4. Responsabilidade penal do médico por excesso de informação 61

3.5. Exceções (ou limitações) ao dever de informação 62
3.5.1. Renúncia do paciente 62
3.5.2. Privilégio terapêutico 63
3.6. Considerações finais 66

4. Suicídio medicamente assistido e direito penal: comentários sobre o art. 122 do Código Penal 67
4.1. Comentários gerais 67
4.2. Comentários dogmáticos 71
4.2.1. Art. 122 do Código Penal (induzimento, instigação ou auxílio a suicídio) 71
4.2.1.1. Tipo objetivo 71
4.2.1.2. Tipo subjetivo 73
4.2.1.3. Modalidade culposa 73
4.2.1.4. Qualificadoras e causas de aumento de pena 74
4.2.1.5. Pena e questões processuais 74
4.3. Auxilio ao suicídio e homicídio (eutanásico) 75
4.3.1. Distinção jurídico-penal 75
4.3.2. Eutanásia: conceito e modalidades 76
4.3.3. Eutanásia penalmente relevante (proibida) e eutanásia penalmente irrelevante (permitida) 78
4.3.4. Auxílio ao suicídio, eutanásia e paciente suicida 85
4.3.5. Eutanásia (passiva) e estado vegetativo persistente 86

5. O médico e o crime de violação de segredo profissional: comentários sobre o art. 154 do Código Penal 89
5.1. Comentários gerais 89
5.2. Comentários dogmáticos 94
5.2.1. Tipo objetivo 94
5.2.2. Tipo subjetivo 101
5.2.3. Modalidade culposa 102
5.2.4. Qualificadoras e causas de aumento de pena 102
5.2.5. Pena e questões processuais 102
5.3. Análise jurisprudencial 102

6. Esterilização humana e direito penal: comentários sobre a Lei 9.263/96 ... 105
6.1. Comentários gerais 105
6.1.1. Contracepção e esterilização 107
6.1.2. Esterilização feminina 109
6.1.3. Esterilização masculina 110
6.2. Esterilização penalmente irrelevante (permitida) 111
6.3. Esterilização penalmente relevante (proibida) 112

6.4. Responsabilidade penal da pessoa jurídica? 114
6.5. Comentários dogmáticos 116
6.5.1. Art. 15 da Lei 9.263/96 (esterilização cirúrgica irregular) 116
6.5.1.1. Tipo objetivo 117
6.5.1.2. Tipo subjetivo 117
6.5.1.3. Modalidade culposa 117
6.5.1.4. Qualificadoras e causas de aumento de pena 117
6.5.1.5. Pena e questões processuais 118
6.5.2. Art. 16 da Lei 9.263/96 (omissão de notificação de esterilização) .. 118
6.5.2.1. Tipo objetivo 118
6.5.2.2. Tipo subjetivo 119
6.5.2.3. Modalidade culposa 119
6.5.2.4. Qualificadoras e causas de aumento de pena 119
6.5.2.5. Pena e questões processuais 119
6.5.3. Art. 17 da Lei 9.263/96 (indução ou instigação à esterilização) 119
6.5.3.1. Tipo objetivo 119
6.5.3.2. Tipo subjetivo 120
6.5.3.3. Modalidade culposa 120
6.5.3.4. Qualificadoras e causas de aumento de pena 120
6.5.3.5. Pena e questões processuais 120
6.5.4. Art. 18 da Lei 9.263/96 (exigência de atestado de esterilização) ... 121
6.5.4.1. Tipo objetivo 121
6.5.4.2. Tipo subjetivo 121
6.5.4.3. Modalidade culposa 121
6.5.4.4. Qualificadoras e causas de aumento de pena 121
6.5.4.5. Pena e questões processuais 122
6.6. Jurisprudência 122
6.7. Considerações conclusivas 123

7. Xenotransplante e direito penal 125
7.1. Comentários gerais 125
7.2. Aspectos jurídico-penais 128
7.2.1. Tutela da vida e da integridade física ou saúde 129
7.2.2. Tutela da saúde pública 131
7.2.3. Tutela do equilíbrio ecológico e da biodiversidade 131
7.2.4. Tutela da dignidade dos animais 133
7.3. Considerações finais 140

Bibliografia 143

Nota prévia

Esta obra visa a contribuir para o aprofundamento do estudo do "direito penal médico" ou "direito penal da medicina" a partir de temas gerais e especiais relativos à responsabilidade penal médica, tendo em vista a legislação, a doutrina e a jurisprudência pertinentes. No que tange aos temas gerais, são analisados alguns aspectos referentes à teoria geral do delito (capítulos 1, 2 e 3); e no tocante aos temas especiais (capítulos 4, 5, 6 e 7), são tratados outros temas mais ligados à parte especial do Código Penal e à legislação complementar.

Por outro lado, parte significativa do presente livro está relacionada ao Projeto de Pesquisa intitulado "A bioética e os tribunais: análise de julgados de temas persistentes e emergentes na jurisprudência criminal brasileira", desenvolvido na PUCRS de 2006 a 2008, com auxílio financeiro concedido pelo Conselho Nacional de Desenvolvimento Científico e Tecnológico – CNPq (Edital MCT/CNPq/MS-SCTIE-DECIT 53/2005 – Estudo da Bioética e Ética na Pesquisa, Processo: 402704/05-3).

Sendo resultado da compilação sistematizada de artigos inéditos e artigos publicados – mas que sofreram alterações e atualizações –, a obra não pretende lançar ou sistematizar as bases de um suposto manual de direito penal médico, mas sim apresentar questões e problemas envolvidos com esta relevante área do direito penal. Enfim, trata-se de uma contribuição destinada não só aos profissionais e estudantes de direito, mas também aos profissionais de saúde que desejam saber um pouco mais sobre temas bioéticos e jurídico-penais atuais.

Porto Alegre, inverno de 2009.

O Autor.

1. Considerações jurídico-penais acerca das intervenções biomédicas

Toda intervenção biomédica comporta de certa forma uma intrusão na integridade física ou psíquica do ser humano,[1] ou mesmo na sua liberdade.[2] Assim acontece com a simples ingestão de um fármaco, com a realização de qualquer cirurgia ou através da utilização de um determinado método ou procedimento ainda em fase experimental. Estas intervenções são todavia necessárias para salvar a vida, restabelecer a saúde ou aliviar o sofrimento de alguém que padeça de uma enfermidade; ou ainda podem ser dirigidas a outros fins para além da esfera de interesse propriamente individual do paciente envolvido como ocorre, por exemplo, com algumas intervenções que apenas visam ao progresso científico.

O progresso das ciências biomédicas vem proporcionando cada vez mais bem-estar e qualidade de vida, mas embora estejam trazendo inúmeros benefícios para a sociedade, as intervenções biomédicas (preventivas, diagnósticas ou terapêuticas) apresen-

---

[1] Ao contrário do direito penal brasileiro, no direito comparado, o Código penal português (art. 150, n.1) não considera como lesões corporais típicas as intervenções biomédicas consideradas indicadas e levadas a cabo segundo a *legis artis, in verbis*: "As intervenções e outros tratamentos que, segundo o estado dos conhecimentos e da experiência da medicina, se mostrem indicados e forem levados a cabo segundo a *legis artis*, por um médico ou outra pessoa legalmente autorizada a empreendê-los com intenção de prevenir, diagnosticar, debelar ou minorar uma doença, um sofrimento, uma lesão ou fadiga corporal ou uma perturbação mental não se consideram ofensas corporais".

[2] No capítulo dos *Crimes contra a liberdade* do Código Penal português, o crime de *Intervenções e tratamentos médico-cirúrgicos arbitrários* (art. 158) protege como bem jurídico uma específica dimensão da liberdade pessoal, qual seja, e na designação de Figueiredo Dias: "a liberdade de dispor do próprio corpo e da própria vida" (FIGUEIREDO DIAS, "O problema da ortotanásia", p. 33 *apud* COSTA ANDRADE, *Consentimento e acordo*, p. 401). Este também é o caso do Código penal austríaco (§ 110).

tam variáveis graus de risco à saúde e à vida do homem, de acordo com a modalidade a ser empregada. Podemos, assim, classificar as intervenções biomédicas em três tipos ou categorias, que, respectivamente, se diferenciam quanto ao modo de apreciação jurídico-penal: a) tratamento curativo; b) experimentação terapêutica, e c) experimentação não terapêutica.[3]

1.1. Tratamento curativo

Este primeiro tipo de intervenção biomédica refere-se ao tratamento padrão (normal) das rotinas médicas; aquele que se realiza com uma finalidade exclusivamente terapêutico-individual (recuperação/restabelecimento da saúde e bem-estar) através de investigações, procedimentos, métodos, medicamentos e tratamentos já experimentados e consagrados pela biomedicina,[4] podendo, em geral, ser qualificado no âmbito jurídico-penal como uma atividade lícita,[5] todavia dependente do consentimento, que, por sua vez, deve ser livre e esclarecido.[6] Na realidade, o tratamento curativo é uma intervenção usual e relativamente segura na prática biomédi-

[3] Quanto aos três tipos de intervenção aludidos, *v.g.*, ESER, *Derecho penal, medicina y genética*, p. 24 e ss.; MANTOVANI, *I trapianti e la sperimentazione umana*, p. 10-22; *idem*, *RIDP* (1988), p. 1017; SEPAROVIC, *RIDP* (1988), p. 1297-1298.

[4] Neste sentido, ESER, *Derecho penal, medicina y genética*, p. 24.

[5] A respeito da sua natureza jurídica, na doutrina nacional prepondera o entendimento de que as intervenções médicas e cirúrgicas são causas justificantes, constituindo-se "exercício regular de direito" (art. 23, III do CP), cf., entre outros, BRUNO, *Direito penal* (T.II), p. 11-14, BITENCOURT, *Tratado de direito penal* (vol.1), p. 326; enquanto, para outros autores – sobretudo da doutrina estrangeira – as intervenções biomédicas seriam hipóteses de "risco permitido", excludentes da tipicidade. Assim, e sobre o significado e consequências desta categoria dogmática, v. ROXIN, *Strafrecht*, p. 314 e ss.; FIGUEIREDO DIAS, *Direito penal* (T.I), p. 331 e ss. (esp. p. 332-334).

[6] O consentimento (livre e esclarecido) é causa central de legitimação e justificação de todas as intervenções biomédicas, conforme estabelecem as normas deontológicas, éticas e jurídicas pertinentes. No plano jurídico, a *Carta de direitos fundamentais da União Europeia* (2000) estipula: "no domínio da medicina e da biologia, devem ser respeitados, designadamente: o consentimento livre e esclarecido da pessoa, nos termos da lei (...)" (art. 3, n. 2); já a *Convenção dos direitos humanos e da biomedicina* (Conselho da Europa, 1996) refere: "qualquer intervenção no domínio da saúde só pode ser efetuada depois da pessoa manifestar o seu consentimento, de forma livre e esclarecida" (art. 5°); e de acordo com o *Pacto internacional de direitos civis e políticos* (ONU, 1966): "ninguém será submetido a torturas nem a penas ou tratamentos

ca, que não apresenta maiores dificuldades no plano de valoração jurídico-penal, estando legitimada amplamente com apoio e nos limites do consentimento do ofendido (paciente).[7] Aliás, pode-se afirmar que todas as intervenções biomédicas estão condicionadas pelo consentimento do paciente para se caracterizarem como atividades de "risco permitido" ou de "exercício regular de direito", fato que nos leva a denominar e classificar estas práticas como *riscos permitidos-condicionados* (ou *riscos permitidos-consentidos*), ou como casos de *exercício regular de direito-condicionado* (ou *exercício regular de direito-consentido*),[8] respectivamente.

1.2. Experimentação (ou pesquisa) terapêutica

A medicina, por natureza, é uma ciência experimental.[9] "Experimentar" significa submeter uma ideia (uma hipótese) ao teste da experiência, sendo que o objetivo da experimentação é adquirir um conhecimento de alcance geral (validar uma ideia), e o meio

cruéis, desumanos ou degradantes. Em particular, ninguém será submetido sem o seu livre consentimento a experimentos médicos ou científicos" (art. 7º) .

[7] O objeto deste estudo é analisar as intervenções biomédicas (tratamento e experimentação) em seres humanos juridicamente capazes, deixando-se de lado, portanto, as questões e especificidades referentes aos incapazes (menores, doentes e deficientes mentais) e aos embriões.

[8] Dentro do tratamento curativo inserem-se também "os cuidados paliativos" e a "cirurgia plástica estética". Sendo o tratamento da dor uma das funções do exercício da medicina, os chamados "cuidados paliativos" são intervenções que, buscando promover e preservar a dignidade humana e o bem-estar (físico e psíquico), utilizam certos medicamentos e procedimentos que procuram evitar ou reduzir a dor e o sofrimento de pacientes crônicos e terminais, que não mais podem ser submetidos a tratamentos invasivos como cirurgias e quimioterapias. Em suma, os cuidados paliativos são as ações empreendidas para aliviar o sofrimento (físico e moral) dos pacientes (nesse sentido, MARCOUX, in: Hottois; Parizeau, *Dicionário da bioética*, p. 115-117; BROEKMAN, *Bioética con rasgos jurídicos*, p. 187-188). Por outro lado, a denominada "cirurgia plástica estética" igualmente se enquadra como uma intervenção curativa porque é uma forma de tratamento que visa, sobretudo, a promover o bem-estar psíquico (saúde psíquica) e a qualidade de vida dos pacientes, ainda que estes sejam em princípio saudáveis e apenas pretendam melhorar a sua aparência física. Ademais, vale referir que a Organização Mundial de Saúde (OMS, Constituição, 1946) define saúde como "o estado de completo bem-estar físico, mental e social, e não simplesmente a ausência de doença ou enfermidade".

[9] VARGA, *Problemas de bioética*, p. 139.

de atingir esse objetivo é a estratégia experimental.[10] Fala-se então de "experimentação humana" ou "pesquisa em seres humanos" quando a estratégia experimental comporta ensaios em seres humanos.[11] Apesar de a experimentação científica ser condição necessária para o próprio progresso das ciências biomédicas, ela não pode, no entanto, ser ilimitada e irresponsável, devendo seguir algumas normas, que são mais restritivas quando comparadas com a intervenção biomédica vista anteriormente. Consequentemente, o quadro de valoração jurídico-penal não é o mesmo quando passamos

---

[10] FAGOT-LARGEAULT, in: Hottois; Parizeau, *Dicionário da bioética*, p. 247.

[11] Segundo o Conselho Nacional de Saúde (CNS), a pesquisa envolvendo seres humanos é aquela que, "individual ou coletivamente, envolva o ser humano, de forma direta ou indireta, em sua totalidade ou partes dele, incluindo o manejo de informações ou materiais" (CNS, *Resolução 196/96 sobre pesquisa envolvendo seres humanos*, II.2). Com efeito, distinguem-se geralmente quatro fases ou etapas na experimentação humana, denominadas "ensaios clínicos", a saber: a) Fase 1 – consiste em realizar os primeiros estudos em alguns voluntários, geralmente sadios, com a finalidade de avaliar a segurança e tolerabilidade inicial do medicamento/procedimento, e o perfil farmacocinético; e, quando possível, o perfil farmacodinâmico (modificações orgânicas ou funcionais provocadas pela intervenção biomédica); b) Fase 2 – são ensaios que incidem geralmente num grupo restrito de sujeitos de pesquisa, visando confirmar a segurança e avaliar a tolerabilidade, assim como a eficácia terapêutica do medicamento/procedimento a curto prazo; ademais buscam avaliar se os efeitos terapêuticos demonstrados nos estudos de Fase 2 têm significância estatística e relevância clínica; c) Fase 3 – são estudos realizados em grandes e variados grupos de sujeitos de pesquisas, que consistem em avaliar a segurança e eficácia do novo medicamento/procedimento comparando-o com a ausência de tratamento (p. ex., através da utilização de placebo) ou com o melhor medicamento/procedimento padrão atual disponível para a situação; e a d) Fase 4 – geralmente são estudos de vigilância (retrospectivos ou prospectivos) dos medicamentos/procedimentos que estão sendo comercializados a fim de estabelecer o valor terapêutico, a incidência de eventos adversos e/ou confirmação da frequência de surgimento dos (eventos adversos) já conhecidos, e as estratégias de tratamento. Cf. FAGOT-LARGEAULT, in: Hottois; Parizeau, *Dicionário da bioética*, p. 247-248; VIEIRA; HOSSNE, *Experimentação com seres humanos*, p. 102-103; CNS, *Resolução* 257/97, II.2; GOLDIM, *HCPA* (2007), p. 67 e ss. Ademais, e antes dos ensaios clínicos (experimentações com seres humanos), existem os "ensaios pré-clínicos" ou "fase 0". Tais ensaios são estudos experimentais prévios realizados em laboratório, animais ou em outros fatos científicos, que visam gerar informações que permitam justificar a realização de pesquisas em seres humanos e avaliar com relativa segurança os potenciais efeitos (terapêuticos e colaterais/indesejáveis) do novo medicamento/procedimento/método a ser testado em humanos posteriormente. Sobre os ensaios pré-clínicos, v. *Declaração de Helsinque* (2008, B, 12); CNS, *Resolução* 251/97, I.5; IV.1, *c* e *d*; MERCOSUL, *Resolução* (129/96) *sobre boas práticas clínicas*, capítulo X. Enfim, vale ressaltar que todas as pesquisas envolvendo seres humanos devem atender às exigências éticas e científicas fundamentais e serem submetidas à avaliação dos Comitês de Ética em Pesquisa (CEPs).

do tratamento curativo para o campo das experimentações terapêuticas e não terapêuticas.[12]

Por experimentação ou pesquisa terapêutica (*therapeutic research*) entende-se aquela intervenção biomédica que visa primordialmente à cura de um paciente (participante/sujeito de pesquisa) determinado ("finalidade terapêutica-concreta")[13] mas através de "novos" métodos, técnicas, procedimentos e medicamentos não definitivamente consolidados – que ainda se encontram em fase de afirmação e convalidação científica na seara do conhecimento biomédico[14] –, diante da inexistência de outro tratamento eficaz ou como uma alternativa (de comparável eficiência) a tratamentos convencionais já conhecidos e confiáveis. Na experimentação terapêutica há uma "indicação subjetiva", pois embora o médico não saiba se a intervenção utilizada terá o resultado desejado, ele espera, principalmente, que a intervenção possa de alguma maneira curar o sujeito de pesquisa.[15] Com efeito, a experimentação terapêutica é realizada "em presumível benefício" do sujeito de pesquisa, abrangendo "tanto o uso de uma droga conhecida, para condições em que não é prescrita, como a administração de terapia médica, cirúrgica ou comportamental, ainda não devidamente avaliadas" pela comu-

---

[12] No que concerne à experimentação sobre seres humanos, tradicionalmente, são referências teóricas e normas deontológicas internacionais importantes o *Código de Nuremberg* (1947), a *Declaração de Helsinque* (1964) – adotada pela Associação Médica Mundial e revisada várias vezes sendo a última em 2008 –, as *Diretrizes éticas internacionais para pesquisas biomédicas envolvendo seres humanos* – documento elaborado pelo Conselho para Organizações Internacionais de Ciências Médicas (CIOMS) em colaboração com a Organização Mundial de Saúde (OMS), editado em 1993 e revisado em 2002 –, a *Diretriz para a boa prática clínica* (1996), editada pela ICH (Conferência Internacional sobre a Harmonização dos requisitos técnicos para registro de produtos farmacêuticos para uso humano), e a *Resolução* (129/96) *sobre boas práticas clínicas* do MERCOSUL (Grupo Mercado Comum).

[13] SCHIMIKOWSKI, *Experiment am Menschen*, p. 8.

[14] A experimentação humana terapêutica, por outro lado, também não perde de vista indiretamente um interesse mais genérico, de outros futuros pacientes potenciais. Neste tipo de intervenção – explica ALBUQUERQUE (*Bioética*, p. 114) – "a vontade do especialista pretende, ao mesmo tempo, curar e comprovar a eficácia do novo fármaco ou da nova terapia, quiçá não suficientemente conhecidos ou empregados". Para SCHIMIKOWSKI (op. cit., p. 8), a "finalidade" é o critério dogmático decisivo para diferenciar o "tratamento curativo" (*Heilbehandlung*) da "experimentação terapêutica" (*Heilversuch*) e da "experimentação não terapêutica" (*Humanexperiment*). Enquanto naquele a finalidade terapêutica é dirigida a um paciente concreto (finalidade terapêutica concreta), nestas, a finalidade terapêutica é geral, dirigida a futuros pacientes (finalidade terapêutica geral).

[15] Cf. PABST, in: Kaufmann, *Moderne Medizin und Strafrecht*, p. 54.

nidade científica.[16] "Os experimentos terapêuticos são planejados e conduzidos em benefício do sujeito, quer no diagnóstico, quer no tratamento de sua enfermidade".[17] Embora exista a probabilidade de os riscos serem mais intensos do que no tratamento curativo padrão (convencional), também esta intervenção pode ser considerada, em princípio, uma atividade lícita no plano jurídico-penal, desde que, contudo, haja consentimento (livre e esclarecido) do sujeito de pesquisa para tanto.[18]

Por outro lado, quando uma intervenção biomédica necessita recorrer a seres humanos para comprovar a segurança e eficácia terapêutica, preventiva ou diagnóstica de suas aplicações deve a mesma estar adequada às normas (científicas e éticas) estabelecidas para a experimentação com seres humanos. Por conseguinte, para dar-se plena validade ao consentimento do ofendido e assim legitimar a experimentação humana terapêutica, o médico deve ainda atender a uma especial exigência complementar oriunda de tais normas: a relação risco-benefício. Exigência esta que, consequentemente, também se constitui num importante critério dogmático jurídico-penal. Segundo Eser, "tendo em conta o risco inevitável que supõe toda experimentação,[19] questiona-se se nesta classe de intervenções o consentimento não deveria ser complementado por uma 'ponderação/balanceamento entre o benefício e o risco (*Nutzen-Risiko Abwägung*[20])'[21] previstos em cada pesquisa. Aduz o mesmo autor que, se esta "ponderação risco-benefício" é exigida em todas as normas médico-deontológicas de natureza científico-experimental,[22] tam-

---

[16] VIEIRA; HOSSNE, *Experimentação com seres humanos*, p. 95-96.

[17] VARGA, *Problemas de bioética*, p. 144

[18] No Brasil, o CNS estabelece que a observação dos princípios éticos nas pesquisas envolvendo seres humanos implica reconhecer o "consentimento livre e esclarecido dos indivíduos-alvo" (CNS, *Resolução* 196/96, III.1, *a*).

[19] Sobre os riscos inerentes das intervenções biomédicas, v. CNS, Resolução 196/96, V.1; Declaração de Helsinque (2008, n.8).

[20] Ou em inglês: "risk-benefit balancing".

[21] ESER, *Derecho penal, medicina y genética*, p. 30.

[22] Especificamente sobre o balanceamento risco-benefício, v. *Declaração de Helsinque* (2008, B, n.18, n.20); *Convenção dos direitos humanos e da biomedicina* (1996, art. 16, ii) e *Protocolo adicional sobre pesquisa biomédica* (2004, art. 6; art. 13, n.2); *Diretiva relativa à aproximação das disposições legislativas, regulamentares e administrativas respeitantes à aplicação de boas práticas clínicas na condução de ensaios clínicos de medicamentos para uso humano* (2001, art. 3, n.2, *a*); *Diretrizes éticas internacionais para pesquisas biomédicas envolvendo seres humanos* (2002, n.8). Aliás, o CNS (*Re-*

bém esta valoração deverá ser considerada um "estandarte de moralidade relevante sob o ponto de vista jurídico-penal".[23] Noutras palavras, a "ponderação risco-benefício" é um critério ético-jurídico (objetivo) que obriga tanto o experimentado (sujeito de pesquisa) quanto o experimentador (médico/cientista)[24] e limita o consentimento. Mais especificamente, dita valoração é uma exigência relativa aos deveres de cuidado que o médico deve observar, sob pena de ser responsabilizado penalmente.

Desta forma, a inobservância deste necessário juízo de ponderação por parte do médico/cientista nesta modalidade de intervenção biomédica implicará a ineficácia do consentimento, e a experimentação considerar-se-á ilegítima, sobretudo quando o risco resultar absolutamente desproporcional tendo em vista as possibilidades de benefícios esperados, podendo o médico ou cientista responder penalmente (dolosa ou culposamente), portanto, pelos eventuais danos ocasionados ao sujeito de pesquisa quando se promova uma verdadeira "entrega a cegas ao risco",[25] violando assim própria dignidade humana, princípio este que, ao lado do princípio da precaução,[26] informa e sustenta o "princípio da ponderação risco-benefício" mencionado.

1.3. Experimentação (ou pesquisa) não terapêutica

A última modalidade de intervenção biomédica conhecida é a experimentação não terapêutica ou experimentação pura. Experi-

solução 196/96, III.1, *b*) estabelece que a observação dos princípios éticos na pesquisa implica em: "ponderação entre riscos e benefícios, tanto atuais como potenciais, individuais ou coletivos (beneficência), comprometendo-se com o máximo de benefícios e o mínimo de riscos".

[23] ESER, *Derecho penal, medicina y genética*, p. 30.

[24] Para SCHIMIKOWSKI (*Experiment am Menschen*, p. 51), o "balanceamento risco-benefício" é um limite do direito de autodeterminação na pesquisa envolvendo seres humanos.

[25] ESER, *Derecho penal, medicina y genética*, p. 31. Por outro lado, mesmo que dada intervenção não seja a mais indicada medicamente e que não tenha havido o devido consentimento, pode o médico ainda alegar estado de necessidade como justificativa da sua conduta em certos casos, principalmente quando for considerada a "última chance ou alternativa" de cura do paciente.

[26] Também sustentando a aplicação do princípio da precaução nas pesquisas envolvendo seres humanos, GOLDIM, op. cit., p. 67; ROMEO CASABONA, *Genética y derecho*, p. 38-39. Sobre o princípio da precaução, v. VARELLA; PLATIAU, *Princípio da precaução*.

mentação não terapêutica ou experimentação pura significa aquela intervenção que se realiza no paciente individual, mas que não pretende diretamente o seu tratamento,[27] e sim "produzir conhecimento".[28] Tem um fim "terapêutico-geral".[29] Visa apenas a obter e a ampliar conhecimentos científicos para o avanço da ciência biomédica em melhor prevenir, diagnosticar ou curar doenças de outras pessoas que futuramente delas podem padecer,[30] ou mesmo outros fins puramente científicos com caráter diverso do que propriamente aqueles relacionados com a cura ou o tratamento de enfermidades (por exemplo, testes de inocuidade para saber se determinados produtos cosméticos, alimentícios e químicos podem ser prejudiciais à saúde humana, etc.). Como ressalta Costa Andrade: "trata-se de intervenções que não visam diagnosticar, prevenir ou tratar doenças que ameacem ou atinjam o paciente, antes estão ao serviço de interesses supra-individuais".[31] Referindo Siebert que, em vez de a pessoa ser considerada "paciente" como ocorre na experimentação terapêutica, na experimentação não terapêutica a pessoa humana é tratada como "cobaia" pelos cientistas.[32]

Pela natureza de sua proposta e pelo grau de risco que este tipo de intervenção biomédica pode sugerir ao ser humano e à sua dignidade, no plano de valoração jurídico-penal – e igualmente à experimentação terapêutica –, faz-se necessária uma ponderação entre riscos e benefícios *ex ante* para que seja considerado plenamente eficaz o consentimento a ser manifestado pelo sujeito da pes-

[27] Conforme VARGA (*Problemas de bioética*, p. 144): "a pesquisa não terapêutica refere-se a um experimento planejado, não para beneficiar, diretamente, o sujeito da pesquisa, mas somente para ampliar o conhecimento que pode ser utilizado no tratamento de outras pessoas".

[28] VIEIRA; HOSSNE, *Experimentação com seres humanos*, p. 95.

[29] SCHIMIKOWSKI, *Experiment am Menschen*, p. 8; PABST, in: Kaufmann, *Moderne Medizin und Strafrecht*, p. 54.

[30] Ou como explica PABST (op. cit., p. 54), a experimentação pura (*Humanexperiment*) não visa, em primeiro plano, à cura de pacientes (denominados participantes de pesquisa), mas sim adquirir conhecimentos científicos que poderão beneficiar a coletividade, tratando-se por isso de uma "investigação terapêutica genérica" (*allgemeinen therapeutischen Forschung*).

[31] COSTA ANDRADE, *Consentimento e acordo*, p. 468.

[32] SIEBERT, *Strafrechtliche Grenzen*, p. 15 *apud* COSTA ANDRADE, *Consentimento e acordo*, p. 469. Para MARTÍNEZ (*Manipulación genética y derecho penal*, p. 227), a experimentação pura "está relacionada àquelas atividades que, atuando sobre seres humanos, não têm como objetivo nem principal nem secundário a cura de uma doença que afete o paciente, seja porque este não padece de enfermidade alguma ou porque, padecendo, a experimentação não tem vinculação com a enfermidade".

quisa. A exigência valorativa neste tipo de intervenção merece, no entanto, ser mais rigorosa, e "o benefício que se espera obter não só deve ser proporcionado, senão claramente superior ao risco a que se submete o afetado pela experimentação".[33] Em salvaguarda da dignidade humana, todas estas cautelas são no intuito de evitar e repudiar aquelas experimentações não terapêuticas que possam degradar a condição humana como tal, vindo a atingir a vida e a integridade física ou a saúde do sujeito de pesquisa.

1.3.1. *Experimentação (ou pesquisa) não terapêutica com fins reprováveis*[34]

Por último, dentro da experimentação não terapêutica, pode-se ainda mencionar a intervenção biomédica que ocasionalmente tenha fins reprováveis. Classifica-se como experimentação não terapêutica com fins reprováveis aquela intervenção biomédica considerada eticamente incorreta e ilícita que afronta a dignidade humana, violando os direitos humanos. São certas experimentações que, além de descumprirem os estatutos da *lex artis*, procuram atentar propositalmente contra a dignidade humana pela prática de atos desumanos e degradantes, podendo ter os mais diversos motivos: políticos, raciais, ideológicos, econômicos, eugênicos, etc.[35] As experiências conduzidas nos campos de concentração nazistas são um exemplo de que o interesse da ciência, infelizmente, pode chegar a níveis insuportáveis de desrespeito aos direitos humanos mais básicos.

Atualmente, na área do direito penal genético, a engenharia genética sobre células germinativas (engenharia genética germinal), a clonagem humana, a hibridação e o quimerismo também são

---

[33] ESER, *Derecho penal, medicina y genética*, p. 37.

[34] Alguns autores, reconhecendo esta modalidade de experimentação, preferem todavia classificá-la com outra denominação. KATZ (*Experimentation with human beings*, p. 283) fala de "experimentação sem restrição" (*Experimentation without restriction*)", FREEDMAN (in: Reich, *Encyclopedia of bioethics*, p. 2258) refere-se a "experimentações antiéticas" (*unethical research*); e VIEIRA; HOSSNE (*Experimentação com seres humanos*, p. 39;44) aludem a "experimentos abusivos".

[35] A propósito, o Código de ética médica brasileiro no capítulo destinado à pesquisa médica, dispõe expressamente o seguinte: "é vedado ao médico: art. 122 – participar de qualquer tipo de experiência no ser humano com fins bélicos, políticos, raciais ou eugênicos" (CFM, *Resolução* 1.246/88).

possibilidades nefastas de experimentação (genética) com fins reprováveis.[36]

1.4. Considerações finais

O progresso das ciências biomédicas geralmente depende de intervenções (diagnósticos, tratamentos e experimentações) em seres humanos. Após ser testado com certa segurança em laboratório e em animais, todo novo medicamento, método cirúrgico, vacina ou tratamento, em muitos casos, precisa necessariamente ser observado no próprio homem.

A liberdade de criação e produção científica (liberdade de pesquisa) é assegurada constitucionalmente como um direito fundamental (CF, art. 5º, IX), na qual são atendidos não só os interesses particulares do pesquisador ou cientista, mas também os direitos coletivos de promoção do progresso científico pelos benefícios gerais que ele pode proporcionar à sociedade, cabendo ao Estado inclusive promover e incentivar o desenvolvimento científico, a pesquisa e a capacitação tecnológica (CF, art. 218). Todavia, "a liberdade de pesquisa, como qualquer direito de liberdade, é limitada".[37] Ainda que se reconheça a legitimidade da investigação científica biomédica e se defenda que ela seja eficazmente impulsionada tanto pelos poderes públicos como pela iniciativa privada, há certos limites (éticos e jurídicos) que devem ser observados, sobretudo quando determinada intervenção biomédica entrar em conflito com outras normas jurídicas (constitucionais, civis, administrativas, penais ou deontológicas) que visam a resguardar, acima de tudo, a dignidade humana e os direitos humanos (v.g. saúde, vida, liberdade, etc.), pois o ser humano é um valor em si mesmo que deve ser sempre respeitado, sobrepondo-se, por conseguinte, diante de quaisquer argumentos em prol do progresso técnico-científico e de eventuais benefícios para terceiros e para a sociedade em seu conjunto.[38] Aliás,

[36] Sobre tais experimentações genéticas, v. SPORLEDER DE SOUZA, *Direito penal genético*; idem, *Bem jurídico-penal e engenharia genética humana*; idem, in: Romeo Casabona; Freire de Sá, *Desafios jurídicos da biotecnologia*, p. 147 e ss.

[37] VARGA, *Problemas de bioética*, p. 136.

[38] Nesse sentido, ROMEO CASABONA, *Genética y derecho*, p. 167-168.

esta ideia é manifestada expressamente no plano internacional, na importante *Convenção dos direitos humanos e da biomedicina* (Conselho da Europa, 1996): "os interesses e o bem-estar do ser humano deverão prevalecer sobre o interesse exclusivo da sociedade e da ciência" (art. 2º); e na *Declaração universal sobre o genoma humano e os direitos humanos* (UNESCO, 1997), que proclama que a liberdade de investigação (art. 10) não poderá prevalecer sobre o respeito dos direitos humanos, das liberdades fundamentais e da dignidade humana dos indivíduos" (art. 10). No plano interno, seguindo a mesma linha, o Conselho Nacional de Saúde no preâmbulo da sua resolução 251/97 estabelece: "Em qualquer ensaio clínico e particularmente nos conflitos de interesses envolvidos na pesquisa com novos produtos, a dignidade e o bem-estar do sujeito incluído na pesquisa devem prevalecer sobre outros interesses, sejam econômicos, da ciência ou da comunidade" (I.4). Desta forma, e concluindo, qualquer intervenção biomédica que seja considerada como tal, definitivamente, não deve nunca perder isso de vista.

2. O médico e o dever legal de cuidar: aspectos jurídico-penais[39]

O ato de cuidar é um dever ético e legal que incumbe a todos os médicos em relação a seus pacientes. No entanto, nem sempre estes deveres são cumpridos. Casos de descuido médico e suas consequências não constituem fenômenos raros no nosso cotidiano e com certa frequência aparecem nos meios de comunicação quando ocorrem mortes ou lesões graves de pacientes.

Neste capítulo, vamos abordar alguns aspectos jurídico-penais que surgem a partir da eventual inobservância do dever legal de cuidar por parte dos médicos. Por este prisma, pode-se afirmar que a violação do dever legal de cuidar dos pacientes abrange duas formas de responsabilidade penal do médico: a responsabilidade penal por culpa (culpa penal médica) e a responsabilidade penal por omissão (omissão penal médica).

2.1. A culpa penal médica

Além do dolo, o fato culposo é uma das formas básicas de aparecimento do crime que vem assumindo um papel cada vez maior na criminalidade diante da crescente tecnificação e dos riscos da atual sociedade. Em direito penal, a responsabilidade do médico por culpa deriva da constatação dos seguintes elementos: a) violação do dever objetivo de cuidado; b) previsibilidade objetiva do resultado; c) princípio da confiança; d) previsibilidade subjetiva; e)

[39] Título original: O médico e o dever legal de cuidar: alguns aspectos jurídico-penais.

imputabilidade, potencial consciência da ilicitude e exigibilidade de conduta diversa.

2.1.1. Violação do dever objetivo de cuidado

Para se responsabilizar penalmente alguém por culpa, além da necessária *causação involuntária de um resultado* (morte, lesões corporais, etc.) – e de que a conduta do agente tenha nexo causal com este mesmo resultado produzido – é indispensável que ocorra a chamada violação do dever objetivo de cuidado. O dever objetivo de cuidado é aquele que todas as pessoas medianamente prudentes precisam ter no cumprimento das normas jurídicas (explícitas ou implícitas, contidas em leis ou regulamentos) ou não jurídicas de convivência existentes em dada sociedade e impostas pela vida de relação. Mais precisamente, segundo Bitencourt, "dever objetivo de cuidado consiste em reconhecer o perigo para o bem jurídico tutelado e preocupar-se com as possíveis consequências que uma conduta descuidada pode produzir-lhe, deixando de praticá-la, ou então, executá-la somente depois de adotar as necessárias e suficientes precauções para evitá-lo".[40]

Todavia, este dever objetivo de cuidado pode ser violado ou infringido por três formas de culpa: a) imprudência; b) negligência; c) imperícia, que, aliás, estão previstas expressamente no art. 18, II, do Código Penal. Por imprudência entende-se a culpa na sua forma ativa, podendo ocorrer devido a uma precipitação, imoderação, afoiteza, insensatez, ou conduta arriscada por parte do médico (p.ex., o médico que acelera o procedimento duma cirurgia por qualquer motivo ou a realiza embriagado e em ambos os casos o paciente acaba morrendo). Por outro lado, a negligência é a culpa na forma passiva, quando há desleixo, desatenção, displicência, ou falta de cautela na conduta do médico (p. ex., causar lesões corporais ao paciente por esquecer agulha de sutura ou compressa de gaze dentro do seu organismo; ou por, distraidamente, não esteri-

[40] BITENCOURT, *Tratado de direito penal* (vol. 1), p. 283. No mesmo sentido, ASSIS TOLEDO (*Princípios básicos de direito penal*, p. 300-301): "dever objetivo de cuidado consiste em preocupar-se com as possíveis conseqüências perigosas de sua conduta (perigo para os bens jurídicos protegidos) – facilmente reveladas pela experiência da vida cotidiana – tê-las sempre presentes na consciência, e de orientar-se no sentido de evitar tais conseqüências, abstendo-se de realizar o comportamento que possa ser causa do efeito lesivo, ou somente realizá-lo sob especiais e suficientes condições de segurança".

lizar os instrumentos cirúrgicos). Enfim, considera-se imperícia a falta de habilidade ou competência técnica no exercício de determinada arte, profissão ou ofício.[41] Para que haja imperícia, portanto, pressupõe-se uma certa qualidade de habilitação para o exercício profissional. Com efeito, a imperícia médica pode ocorrer se o médico não souber praticar uma intervenção cirúrgica ou prescrever dado medicamento.[42]

Via de regra, o dever objetivo de cuidado está fixado em normas administrativas ou disciplinares. No caso dos médicos, a culpa decorrerá sobretudo se a sua atividade não corresponder ao que estatui a respectiva *lex artis* (ou *legis artis*).[43] Estas normas corporativas[44] de caráter técnico, correntes neste domínio de atividade profissional, são fonte por excelência de aferição dos deveres objetivos de cuidado por parte dos médicos e a sua eventual inobservância – seja por imprudência, negligência ou imperícia – se constituirá em forte indício de contrariedade a tal dever.[45] De outra banda, pode-se

---

[41] Para BITENCOURT (op. cit., p. 288), *imperícia* não se confunde com *erro profissional*, pois este é um acidente escusável, justificável e, de regra, imprevisível, que não depende do uso correto e oportuno dos conhecimentos e regras da ciência. Aduz o autor que esse tipo de acidente não decorre da má aplicação de regras e princípios recomendados pela ciência, devendo-se à *imperfeição* e *precariedade* dos conhecimentos humanos; operando, portanto, no campo do imprevisto e transpondo os limites da prudência e atenção humanas. No entanto, em nosso entendimento, o chamado "erro médico" pode ser punível, se decorrente de culpa médica (imperícia, negligência e imprudência); ou impunível, se decorrente da "imperfeição e precariedade dos conhecimentos humanos". Por outro lado, a "inobservância de regra técnica", causa de aumento prevista no art. 121, § 4º do CP e aplicável ao homicídio culposo, não se confunde com imperícia, embora possa incidir no delito mencionado majorando a pena da conduta médica imprudente, negligente ou imperita.

[42] PRADO, *Curso de direito penal brasileiro*, parte geral, p. 193. Aduz ainda este autor que se ocorrer imperícia fora do âmbito profissional, atribui-se culpa ao agente a título de imprudência ou negligência (idem, ibidem).

[43] Todavia, como bem lembram FIGUEIREDO DIAS e SINDE MONTEIRO (*Responsabilidade médica em Portugal*, p. 59), a violação dolosa da *leges artis* pode ser punida mesmo que não cause uma ofensa no corpo ou na saúde quando resultar um perigo para a vida ou saúde do paciente (CP, art. 132).

[44] Sobre as normas corporativas leciona FIGUEIREDO DIAS (*Direito penal*, 2004, p. 643): "Trata-se de normas escritas de comportamento (não jurídicas), fixadas ou aceites por certos círculos profissionais e análogos e destinadas a conformar as atividades respectivas dentro de padrões de qualidade e, nomeadamente, a evitar a concretização de perigos para bens jurídicos que de tais atividades pode resultar".

[45] Todavia, adverte FIGUEIREDO DIAS (op. cit., p. 643-644) que "a estas normas 'técnicas' não poderá atribuir-se o mesmo relevo indiciador que se confere às normas 'jurídicas', em particular porque aquelas podem ter na sua base interesses meramente 'corporativos' antes

dizer que não viola o cuidado objetivamente devido o agente que fielmente atende às normas corporativas (*legis artis*) dadas pela ciência, pela experiência ou pela prática habitual, embora elas estejam em constante evolução.[46] Por fim, "quanto mais perigosa for a atividade maior deve ser a prudência e vigilância do agente, não apenas em razão das previsões regulamentares, mas também em razão das sugestões da experiência do dia-a-dia e da própria experiência científica".[47] Por isso, em domínios altamente especializados como os que envolvem a atividade médica – e que importam especiais riscos para bens jurídicos significativos – exige-se um cuidado redobrado (cuidado especial) ao agente, que não deve agir antes de se informar ou se esclarecer bem a respeito dos riscos relativos à intervenção cirúrgica a qual o paciente será submetido, sobretudo quando não se encontre em posição de avaliá-los corretamente e com segurança. "Se [o médico] não conseguir alcançar a informação ou o esclarecimento necessários, deve *omitir* a conduta projetada",[48] pois, como leciona Roxin: "quem não sabe de algo deve informar-se; e quem não pode fazer algo, deve abandoná-lo".[49] Portanto, exemplifica o autor alemão, quando uma paciente comunica ao médico que "tem alguma coisa no coração", é imprudente proceder a uma anestesia geral sem prévios exames complementares; além disso, o médico que não está perfeitamente a par do tratamento de uma doença deve informar-se a respeito na literatura especializada.[50]

2.1.2. Previsibilidade objetiva do resultado

Como se viu, a inobservância do cuidado objetivo exigível é um importante indicativo da culpa do agente. Entretanto, faz-se ainda necessária a ulterior verificação de um outro elemento com-

---

que, imediatamente, de defesa de bens jurídicos, e porque o progresso técnico pode ter facilmente determinado a ultrapassagem destas regras por outras mais perfeitas e mais atuais; não estando assim o tribunal dispensado, em caso algum, de comprovar a sua adequação ao caso de espécie".

[46] Nesse sentido, FRAGOSO, *Lições de direito penal*, p. 222-223.

[47] BITENCOURT, op. cit., p. 284.

[48] FIGUEIREDO DIAS, op. cit., p. .645.

[49] ROXIN, *Derecho penal*, p. 1.010.

[50] Idem, ibidem. Cabe referir que os exemplos mencionados são casos já julgados por tribunais alemães.

plementar (não menos relevante) para se atribuir culpa a alguém: a previsibilidade objetiva do resultado.

Previsibilidade objetiva do resultado significa a capacidade de qualquer pessoa razoável e prudente prever a possibilidade de ocorrência do resultado. Assim, será exigível o cuidado objetivo quando o resultado era previsível para uma hipotética pessoa-padrão medianamente diligente e prudente (*homo medius*), nas condições em que o agente atuou, tendo-se em vista as circunstâncias do fato. Por conseguinte, tanto a inobservância do dever objetivo de cuidado quanto a previsibilidade objetiva do resultado são critérios que devem ser constatados pelo intérprete (juiz, promotor ou advogado) a partir da comparação entre a conduta que foi realizada pelo agente no caso concreto com aquela conduta que teoricamente seria a esperada de uma pessoa hipotética considerada razoavelmente diligente e prudente.[51]

De acordo com a previsibilidade do resultado, a culpa classifica-se em consciente e inconsciente. Há culpa inconsciente quando o agente não previu o resultado que podia (e devia) ter previsto, resultado este que era, portanto, previsível pelo *homo medius*; já a culpa consciente ocorre quando o agente prevê a possibilidade de ocorrência do resultado, mas espera convictamente que este não ocorra por confiar demasiadamente na sua capacidade de, alguma forma, evitá-lo. Por fim, se o resultado ocorrido for totalmente imprevisível, não haverá delito algum, pois tratar-se-á então de caso fortuito ou força maior, que constituem exatamente a negação da culpa.[52]

2.1.3. Princípio da confiança

Para além da inobservância do dever objetivo de cuidado e da previsibilidade objetiva do resultado, em alguns casos, a doutrina recorre ainda ao princípio da confiança como um critério dogmáti-

[51] O "que aqui serve de critério é a não correspondência do comportamento àquele que, em idêntica situação, teria um homem fiel aos valores protegidos, prudente e consciencioso" (FIGUEIREDO DIAS, op. cit., p. 644).

[52] Nesse sentido, BITENCOURT, op. cit., p. 286; 288-289.

co necessário para se poder imputar um fato culposo, e assim responsabilizar penalmente alguém por esta forma de crime.[53]

Segundo este princípio, "quem se comporta de acordo com a norma de cuidado objetivo deve poder confiar que o mesmo sucederá com os outros".[54] O princípio da confiança encontra o seu fundamento material no princípio da autorresponsabilidade de terceiros, pois estes também são seres responsáveis, devendo responder pelos seus próprios atos se se comportarem descuidadamente. Noutros termos: "como regra geral não se responde pela falta de cuidado alheio, antes o direito autoriza que se confie em que os outros cumprirão os deveres de cuidado".[55] Além dos casos de tráfego, o princípio da confiança tem especial importância em matéria de divisão de tarefas no âmbito das equipes médicas que costumam realizar intervenções cirúrgicas. Assim, qualquer membro da equipe médica pode confiar numa atuação dos outros membros que seja adequada às normas de cuidado (*legis artis*), sem prejuízo de que, se erros forem previsíveis ou vierem a ser efetivamente cometidos, eles devem ser impedidos ou corrigidos pelos colegas e, particularmente, pelo chefe da equipe.[56] Todavia, o princípio da confiança não se aplica perante membros da equipe que ainda se encontrem em fase de aprendizagem ou treinamento (p.ex., médicos residentes), exigindo-se, aliás, uma especial atividade de fiscalização dos demais membros da equipe médica, sob pena de estes também concorrerem culposamente neste caso. Como refere Roxin, o princípio da confiança deve retroceder quando os interventores (v.g., o médico que dirige a operação) possuem especiais deveres de vigilância (p.ex., frente ao médico assistente ainda inexperiente) ou outras missões de controle.[57] Assim, os médicos supervisores também podem responder culposamente pelo fato caso não tenham fiscalizado devidamente os médicos assistentes mais inexperientes.

---

[53] Ressalte-se, porém, que atualmente está muito em voga na doutrina jurídico-penal a "Teoria da imputação objetiva", que estabelece outros critérios dogmáticos para a determinação do crime culposo. Sobre isso, v. D'AVILA, *Crime culposo e a teoria da imputação objetiva*.

[54] FIGUEIREDO DIAS, op. cit., p. 647.

[55] Idem, ibidem, p. 647-648.

[56] Cf. FIGUEIREDO DIAS, op. cit., p. 649.

[57] ROXIN, op. cit., p. 1.006.

2.1.4. Previsibilidade subjetiva

Enquanto os elementos anteriores (violação do dever objetivo de cuidado, previsibilidade objetiva do resultado, princípio da confiança) fazem parte do tipo de injusto, a previsibilidade subjetiva integra o denominado tipo de culpabilidade do crime culposo.

Assim, a questão de saber se o agente se encontrava em condições, segundo os seus conhecimentos e as suas capacidades pessoais, de ter observado o dever objetivo de cuidado no caso concreto configura uma interrogação sobre a culpabilidade nos crimes culposos.

A culpabilidade dos crimes culposos – que não difere da culpabilidade dos crimes dolosos – consiste na reprovabilidade pessoal pela realização da conduta típica e ilícita. Todavia, e mais especificamente, a culpabilidade nos crimes culposos está em função da reprovabilidade pessoal da falta de observância, por parte do agente, nas circunstâncias em que se encontrava, do cuidado exigível, ou seja, da diligência ordinária ou especial a que estava obrigado.[58] Ao contrário do homem médio (abstrato), leva-se agora em consideração as qualidades e a capacidade pessoais do agente enquanto homem concreto. Ademais, a previsibilidade de que se cogita para determinação da culpabilidade (*previsibilidade subjetiva*) será sempre a previsibilidade pessoal, que considera as possibilidades concretas do agente nas circunstâncias em que atuou.[59]

Por conseguinte, e para exemplificar, será responsabilizado penalmente por culpa (homicídio culposo) o cirurgião renomado e magistral que, por pressa ou desleixo, deixa morrer um paciente na sala de cirurgia por ter utilizado no caso apenas as capacidades correspondentes ao cirurgião "médio", e não aquelas de que pessoalmente dispõe e está em condições de empregar.[60] Por outro lado, a eventual "impossibilidade pessoal de perceber ou de cumprir o dever objetivo de cuidado" ou "incapacidade pessoal de prever o resultado" devido a certos defeitos corporais, faltas de inteligência,

---

[58] FRAGOSO, op. cit., p. 225.

[59] Cf. FRAGOSO, idem, p. 225.

[60] Exemplo referido por FIGUEIREDO DIAS (op. cit., p. 654) com algumas alterações feitas por nós. Porém, o referido autor alerta, com razão, que "muitas vezes é compreensível a objeção de que o agente dotado de capacidades especiais nem sempre estará em condições de as prestar ou não lhe será exigível que esteja sempre pessoalmente disponível para um desempenho ou um rendimento máximo" (idem, ibidem).

de saber, de experiência, de sensibilidade,[61] ou em consequência do medo, do susto, da fadiga, etc.[62] são fatores suscetíveis de excluir a culpabilidade do agente nos crimes culposos.

2.1.5. Potencial consciência da ilicitude e exigibilidade de conduta diversa

Para ser considerado culpável por crime culposo, além de ser imputável (capaz de se autodeterminar e compreender o caráter ilícito do fato), o agente deve agir com a potencial consciência da ilicitude (saber que está contrariando o direito, ou seja, "ter consciência das exigências objetivas de cuidado").[63] Além disso, a sua conduta praticada não deve estar conforme àquela que era exigível pelo direito no caso concreto.

2.2. A omissão penal médica

O Direito penal contém normas proibitivas e imperativas. A violação das normas imperativas constitui a essência do crime omissivo. Configura-se o crime omissivo portanto quando o agente não faz o que devia e podia fazer quando juridicamente era obrigado no caso concreto (violação à norma por não fazer o que ela exige). Embora consista na "abstenção de atividade que o agente podia e devia realizar", a omissão é "não fazer *algo* que, nas circunstâncias, era imposto pelo direito e que lhe era possível submeter ao seu poder final de realização".[64]

Os crimes omissivos dividem-se em omissivos próprios e omissivos impróprios e, para se concretizarem, ambos requerem a *violação do dever legal de agir*, desde que haja *possibilidade concreta de agir* por parte do agente.[65] Com efeito, ocorre o crime omissivo (próprio ou impróprio) quando se descumpre ou se desobedece uma norma

---

[61] V. FIGUEIREDO DIAS, op. cit., p. 665.

[62] V. FRAGOSO, op. cit., p. 226.

[63] TAVARES, *Direito penal da negligência*, p. 182.

[64] FRAGOSO, op. cit., p. 228.

[65] Conforme FRAGOSO (op. cit., p. 228): "a *possibilidade de agir* é pressuposto indispensável do dever jurídico de agir".

imperativa ou mandamental, norma esta que determina a prática de uma conduta positiva, que não é realizada pelo agente. Todavia, apesar de terem estes elementos comuns, há outras características que diferenciam os crimes omissivos próprios dos omissivos impróprios. Vamos a elas.

2.2.1. Omissão própria

Os crimes omissivos próprios ou puros são assim chamados porque possuem uma tipologia própria, isto é, são previstos em tipos penais específicos como os exemplos dos arts. 135 e 269 do CP; e art. 229 do Estatuto da Criança e do Adolescente (Lei 8.069/90). Para que o agente (médico) responda por tais crimes basta a abstenção da conduta devida (omissão do dever imposto normativamente), pois os crimes omissivos são *crimes de mera conduta*, que independem de resultado para se consumar. Assim, "o resultado que eventualmente surgir dessa omissão será irrelevante para a consumação do crime", podendo apenas configurar uma *majorante* ou uma *qualificadora*, quando houver previsão legal.[66] Consuma-se o crime de omissão de socorro, por exemplo, quando o agente, com a simples abstenção da conduta devida, deixa de prestar assistência nas condições previstas no art. 135. Como elucida Bitencourt, "pode acontecer, porém, que a pessoa em perigo, à qual foi omitido o socorro, venha a sofrer uma lesão grave ou até morrer, concretizando uma consequência danosa, produzida por um processo causal estranho ao agente, no qual se negou a interferir". Nesse caso – continua o autor –, "o agente é responsabilizado por *crime omissivo próprio*, isto é, pela simples omissão, pela *mera inatividade*. O *eventual resultado* morte ou lesão grave, nessa hipótese, constituirá somente uma *majorante da pena*",[67] não sendo condição para a consumação do delito. Por outro lado, convém ressaltar que o crime de omissão de notificação de doença, além de próprio (somente o médico pode cometê-lo), também contém norma penal em branco ("doença cuja notificação é compulsória"), cujo complemento é encontrado em outras leis, regulamentos e portarias.[68] Enfim, os crimes omissivos próprios são geralmente dolosos, mas "é perfeitamente concebível

[66] BITENCOURT, op. cit., p. 236.

[67] Idem, ibidem.

[68] A Portaria 1.100/96 do Ministério da Saúde estabelece como compulsória a comunicação, entre outras, das seguintes doenças: cólera, coqueluche, dengue, difteria, doença meningo-

a previsão de tais crimes na forma culposa".[69] Nesse sentido, o art. 229 do ECA é um crime de omissão própria previsto tanto na modalidade dolosa (*caput*) quanto culposa (parágrafo único).[70]

2.2.2. *Omissão imprópria*

Por outro lado, os crimes omissivos impróprios ou impuros são crimes *materiais*, que exigem indispensavelmente a ocorrência de um determinado resultado naturalístico para sua consumação. Nesses crimes, o agente não tem simplesmente o *dever de agir*, mas o *dever de agir para evitar o resultado*. O dever de agir é para evitar ou impedir a ocorrência de um resultado concreto. Ademais, os crimes de omissão imprópria não possuem uma tipologia própria, adequando-se tipicamente aos tipos comissivos, motivo pelo qual são também denominados crimes comissivos por omissão.

São elementos dessa modalidade de omissão, segundo o art. 13, § 2º, do CP: a) a abstenção da conduta que a norma impõe; b) a ocorrência do resultado em decorrência da omissão; c) a ocorrência da situação geradora do dever jurídico de agir.[71] Em relação a este último, vale referir que nos crimes omissivos impróprios, o dever legal de agir para impedir o resultado deriva da *posição* ou *situação de garantia*. Os *garantes* ou *garantidores* são um grupo restrito de agentes escolhidos pelo legislador que têm uma "especial relação de proteção"[72] com bens jurídicos alheios, devendo garantir a não ocorrência de um resultado que os lese ou os ponha em perigo. Por conseguinte, a fonte do dever legal de agir para evitar o resultado

---

cócica e outras meningites, doença de Chagas, febre amarela, febre tifóide, hanseníase, peste, poliomelite, síndrome da imunodeficiência adquirida (AIDS).

69 FRAGOSO, op. cit., p. 228.

70 "Art. 229. Deixar o médico, enfermeiro ou dirigente de estabelecimento de atenção à saúde de gestante de identificar corretamente o neonato e a parturiente, por ocasião do parto, bem como deixar de proceder aos exames referidos no art. 10 desta Lei: Pena – detenção de 6 (seis) meses a 2 (dois) anos"; "Parágrafo único. Se o crime é culposo: Pena – detenção de 2 (dois) a 6 (seis) meses, ou multa". Aliás, a lei dos crimes ambientais (9.605/98) também tipifica crimes omissivos próprios culposos (v. arts. 68, parágrafo único; 69-A, § 1º).

71 Idem, ibidem.

72 Idem, ibidem, p. 237. Segundo PRADO (op. cit., p. 172), a "posição de garantidor – elemento objetivo da autoria – decorre do estreito vínculo existente *a priori* entre o omitente e o bem jurídico protegido".

está formalizada na lei,[73] e as hipóteses em que o agente assume a condição de garantia são as seguintes: a) tenha por lei obrigação de cuidado, proteção ou vigilância; b) de outra forma, assumiu a responsabilidade de impedir o resultado; c) com o seu comportamento anterior, criou o risco da ocorrência do resultado (respectivamente, *a*, *b* e *c* do § 2º do art. 13 do CP).

Quanto à fonte originadora da posição de garantia relativa aos médicos, há dois entendimentos na doutrina. Para uns, a base legal da garantia está prevista na alínea *a*;[74] para outros, a fonte jurídica de garantia dos médicos está localizada na alínea *b*.[75] No entanto, independentemente de qual seja a hipótese legal de garantia, não há dúvidas de que esses profissionais de saúde têm a especial função de garantia de bens jurídicos – sobretudo de bens como a vida e a saúde (física ou psíquica) – dos pacientes.[76] Desta forma, se descumprir o dever de agir, abstendo-se de realizar a conduta devida e não impedindo o resultado, o médico será considerado o causador deste mesmo resultado e responderá pelo crime correspondente, seja ele doloso ou culposo.[77] Assim, se o médico, intencionalmente, deixar de atender determinado paciente em perigo de vida, e que

[73] No entanto, para FIGUEIREDO DIAS (op. cit., p. 703), "a verdadeira fonte dos deveres e das posições de garantia reside em algo muito mais profundo, por força das exigências de solidariedade do homem para com os outros homens dentro da comunidade, ou seja, será a 'proximidade existencial' do 'eu' e do 'outro', o princípio dialógico do 'ser-com-os-outros' e 'ser-para-os-outros', o exercício da virtude cristã da 'caridade' e do 'amor do próximo' que criam os deveres e as posições de garantia". Contudo, alerta o autor: "toda a manifestação imposta de solidarismo tem de se apoiar em um claro vínculo jurídico"(idem, ibidem).

[74] Por todos, BITENCOURT, op. cit., p. 239.

[75] Entre outros, PRADO, op. cit., p. 173; ASSIS TOLEDO, op. cit., p. 118.

[76] Observa, porém, SILVA SÁNCHEZ (in: Mir Puig, *Avances de la medicina y derecho penal*, p. 125; 127;132) que é muito discutido o tema de quais são as situações em que os médicos atuam como garantidores. No entanto, aduz este autor que, "quer seja da perspectiva político-criminal, quer seja da dogmática, não parece ser aceitável tornar os médicos garantidores da vida ou da saúde de pessoas que não se comprometeram a tratar porque isso estenderia sua responsabilidade a limites absurdos". Diante disso – e de acordo com a posição da doutrina dominante – SILVA SÁNCHEZ considera que devem ser reduzidas as hipóteses de garantia do médico àqueles casos em que este tenha *assumido efetivamente* o tratamento do paciente e naqueles onde o "paciente esteja nas mãos do médico". No entanto, SILVA SÁNCHEZ adverte que a posição jurídica do médico de urgências ou do médico plantão é diferenciada e estes são garantes, mesmo que não assumam voluntariamente o tratamento de um determinado paciente.

[77] Os crimes de omissão imprópria podem ser dolosos ou culposos.

em virtude dessa omissão venha morrer, responderá pelo crime de homicídio (doloso), mas não pelo crime de omissão de socorro.[78]

2.2.3. *Potencial consciência da ilicitude e exigibilidade de conduta diversa*

A culpabilidade dos crimes omissivos não apresenta peculiaridades em relação à dos crimes culposos, sendo a reprovabilidade pessoal pela abstenção da atividade devida. Na realidade, a culpabilidade nos crimes omissivos é idêntica à dos crimes culposos e dolosos; depende, portanto, da configuração dos seguintes elementos: imputabilidade, potencial consciência da ilicitude e exigibilidade de conduta diversa (ou exigibilidade de conduta conforme o direito). Para ser considerado culpável por crime omissivo próprio ou impróprio (doloso ou culposo), além de ser imputável (capaz de se autodeterminar e entender o caráter ilícito do fato), o agente deve agir com a potencial consciência da ilicitude (saber que está contrariando o direito), e a sua conduta praticada não deve estar conforme àquela que era exigível pelo direito no caso concreto (exigibilidade de conduta diversa).

2.3. Considerações finais

Este estudo analisou o dever legal (jurídico-penal) de cuidar dos médicos em geral, apontando que a responsabilidade criminal

[78] Contudo, isso não implica dizer que o médico não possa nunca responder pelo crime de omissão de socorro. Em alguns casos, em vez do crime de homicídio, o médico poderá responder pelo crime de omissão de socorro se não tiver qualquer relação de proximidade com o paciente. Isso pode ocorrer, por exemplo, quando um paciente desconhecido que está à beira da morte lhe solicita, via telefone, atendimento médico. Todavia, o médico dolosamente se omite (deixa de atendê-lo), e o paciente vem a falecer. Neste caso, a consequência jurídico-penal mais correta seria a tipificação no art. 135, parágrafo único, do CP, pois inexiste um *vínculo relacional de proximidade* entre o agente e a vítima. Hipótese diversa, porém, é a dos médicos plantonistas dos hospitais e pronto-socorros, pois estes, se se omitirem (dolosa ou culposamente), responderão logicamente por homicídio (doloso ou culposo), pois a sua posição de garantia é considerada "permanente" e não depende de qualquer "vínculo de proximidade" com o paciente. Vale frisar ainda que o "vínculo relacional de proximidade" compreende a "proximidade física" (saber se o médico estava próximo do local da vítima) assim como a "proximidade contratual" (saber se a vítima já tinha tido anteriormente algum contato – formal ou informal – com o médico) do médico em relação ao paciente.

dos mesmos redunda da violação deste dever legal que lhes incumbe de cuidar dos pacientes, decorrente de culpa ou de omissão.

A culpa penal médica é caracterizada a partir da constatação dos seguintes elementos: violação do dever objetivo de cuidado; previsibilidade objetiva do resultado; princípio da confiança; previsibilidade subjetiva. Por outro lado, a omissão penal médica deriva de outros dois requisitos: a violação do dever legal de agir e a possibilidade concreta de agir. Ademais, há duas modalidades de omissão em que o médico pode ser enquadrado: a omissão própria e a omissão imprópria, sendo que, em alguns casos, a doutrina tem dificuldades de apontar qual a melhor solução dogmática para se responsabilizar penalmente o médico pela sua omissão, numa ou noutra hipótese, motivo pelo qual pretendeu-se aprofundar um pouco nesse sentido com a sugestão dogmática do "vínculo relacional de proximidade" entre o médico e o paciente, critério que pode vir a auxiliar na determinação da modalidade criminosa omissiva para fins de responsabilidade médica.

Enfim, além desses elementos acima, que configuram os tipos de injusto culposo e omissivo, respectivamente, foram analisados os elementos componentes do tipo de culpabilidade de cada crime, que, aliás, são idênticos para todas modalidades de crime existentes, sejam dolosos, culposos ou omissivos. Os elementos ou requisitos mencionados são: imputabilidade, potencial consciência da ilicitude e exigibilidade de conduta diversa. Ademais, isso também visa a atender a uma análise dogmática mais adequada dos crimes em tela diante do conceito analítico de crime,[79] buscando elucidar os parâmetros legais que definem a responsabilidade penal dos cuidadores (médicos), inerente à sua prática profissional.

2.4. Jurisprudência

Homicídio culposo. Omissão de atendimento médico à parturiente, circunstância que resultou em sofrimento fetal e morte do recém-nascido. Preliminar de nulidade, sob alegação de cerceamento de defesa, que não merece ser acolhida. Requerimento de diligências para a reinquirição de testemunhas já ouvidas visando alterar a tese defensiva, sob o argumento de que houve substituição de patrono do acu-

[79] De acordo com o conceito analítico ou dogmático (elaborado pela doutrina), crime é toda conduta, típica, ilícita e culpável.

sado. Descabimento. Eiva inconsistente. Atos do processo realizados validamente. Provas suficientes da ausência de deveres objetivos de cautela atribuída ao profissional que se encontrava no exercício de suas funções no hospital onde deveria ter prestado imediato atendimento à parturiente. Irrelevante a discussão a respeito da responsabilidade pelo plantão, porquanto o apelante era o único médico do hospital presente no momento dos fatos, tendo sido cientificado de uma situação de emergência de sua especialidade, omitindo-se no atendimento que lhe competia. Nexo causal evidenciado quer pela prova oral, quer por documentos. O resultado, de que depende a existência do crime, foi imputado ao acusado, que induvidosamente lhe deu causa, vez que sem a aludida omissão, conforme restou evidenciado nos autos, o evento morte não teria ocorrido. Pena fixada corretamente. Improvimento do recurso defensivo. Materialidade devidamente positivada, consoante se vê das provas colhidas em sede policial e em Juízo. A prova testemunhal existente demonstra que o acusado faltou aos deveres objetivos de cuidado no exercício de sua função de médico ao omitir-se no atendimento à parturiente, o que causou o óbito do recém-nascido. Conjunto probatório seguro e harmônico a ensejar um decreto condenatório. Culpa devidamente caracterizada. Demonstrado o atendimento tardio que acarretou o resultado letal. Sentença fundamentada. Condenação que se impõe. (TJRJ. Apelação Criminal 2002.050.00605. Rel. Adilson Vieira Macabu. Data do julgamento:15/03/2005)

Conflito negativo de competência. Configura o crime de omissão de socorro e não o delito de homicídio doloso a omissão médica cometida pelos acusados ao se recusar em receber no Posto Médico a vítima, que veio a falecer. Julgado procedente o conflito negativo para declarar a competência do Juízo Suscitado. (TJRJ. Conflito de Jurisdição 1999.055.00018. Rel. Jose Lucas Alves de Brito. Data do julgamento: 13/07/1999)

Homicídios culposos. Clínica pediátrica. UTI. Neonatal. Responsabilidade de diretores e médicos. Morte de recém natos contaminados. Ausência de comportamento culposo. Ausência de nexo de causalidade. Correta a absolvição de todos os réus, pois não há como afirmar com segurança, com apoio no farto conjunto probatório, inclusive, na prova técnica, que esses na qualidade de garantidores da vida dos recém nascidos, houvessem causados, com suposta omissão, a morte dos mesmos, pois não se pode afirmar, nem mesmo como provável que, se os réus tivessem procedidos de forma diferente, adotando todas as cautelas que a perícia apurou pudessem ser adotadas, o resultado não se teria produzido. Recursos providos em parte. Vencido o Des. Francisco Jose de Asevedo. (TJRJ. Apelação Criminal 2004.050.02283. Rel. Marly Macedonio Franca. Data do julgamento: 15/03/2005)

Penal. Homicídio negligente. Médico. Abandono do plantão. Inobservância de regra técnica. Nexo de causalidade omissiva. Pena privativa de liberdade substituída por restritiva de direitos. 1. Se a vitima internada com crise convulsiva e diante do tratamento emergencial e oportuno saíra do quadro apresentado no ingresso, vem a iniciar novo quadro convulsivo, sendo os médicos pediatras de plantão chamados pelo serviço de alto-falante do nosocômio, não tendo sido atendida porque haviam, no horário de plantão, deixado o hospital, sem aguardar, inclusive, a chegada de outro medico, vindo a criança a falecer, realizam conduta reprovável diante da ausência de cuidado comportamental devido. 2. Os médicos plantonistas não podem se afastar do setor de emergência, regra técnica e não genérica, por serem sabedores do dever de permanecer no local, admitindo o risco desaprovado, abandonaram o hospital, dando causa por omissão consciente, pois deixaram de assistir à criança com nova crise convulsiva, dando causa a sua morte. 3. Recurso parcialmente provido, tão-só para reduzir o período de prestação de serviço à comunidade. (TJRJ. Apelação Criminal 2001.050.05510. Rel. Alvaro Mayrink Da Costa. Data do julgamento: 27/05/2003)

Morte de paciente em Hospital. Ausência dos médicos destacados para o plantão. Inocorrência de crime doloso contra a vida. Despronúncia. Art. 410, do CPP. Recurso em Sentido Estrito a que se dá provimento, rejeitadas as preliminares de inépcia da denúncia e de intempestividade recursal. Não é inepta a denúncia que contém a exposição do fato delituoso, suas circunstâncias e todos os demais elementos exigidos pelo art. 41, do CPP, permitindo aos réus o exercício da ampla defesa. A apresentação retardada das razões recursais é mera irregularidade, não tornando intempestivo o recurso interposto no prazo legal. Não podem ser responsabilizados pela prática de crime doloso contra a vida, de modo a serem levados a julgamento pelo Tribunal do Júri, médicos que faltaram ao plantão para o qual estavam destacados, durante o qual veio a morrer um paciente. É que o dever de agir deriva, principalmente, de uma situação de fato, sendo certo que, como ensina a melhor doutrina, "para que se atribua a responsabilidade nos crimes omissivos impróprios (ou comissivos por omissão), é preciso que, além do dever de agir, o agente tenha conhecimento objetivo da situação de fato real, diante da qual lhe incumbe agir para impedir o resultado lesivo". À hipótese não se pode atribuir, nem mesmo, o dolo eventual, porque a espécie se funda, também, na teoria do consentimento, para a qual se exige, igualmente, "que o agente tenha conhecimento da situação de fato especifica e que esteja pouco se importando com a ocorrência do resultado lesivo", circunstância que permite afirmar-se que aos Recorrentes "somente poderia ser imputada responsabilidade a título de dolo se, estando presentes no local, deixassem de atender a vítima, causando sua morte". Provimento do recurso e conseqüente despronúncia dos Recorrentes, para que se cumpra o disposto no art. 410, do CPP, nada impedindo que novo procedimento penal venha a ser proposto, observados os limites jurídicos adequados à espécie, a forma processual própria e a capitulação a ser atribuída a cada um dos réus, de conformidade com a responsabilidade individual devidamente apurada. (TJRJ. Recurso em Sentido Estrito 2000.051.00076. Rel. Índio Brasileiro Rocha. Data do julgamento: 06/03/2001)

Homicídio culposo. Tipicidade da conduta do agente. Lição de Fragoso. Culpabilidade no delito culposo. Escolios de Damásio. Médico obstetra na tentativa de parto normal. Empecilho detectado. Demora injustificada para a cesariana. Morte do feto. Imprudência e negligência. Modalidades de culpa. Negligência qualificada. Decorrência da atividade específica da profissão de médico. Causa majorante da pena. Falsificação de documento público. Falsidade ideológica. Atestado de óbito. Conduta do médico. Omissão da efetiva "causa mortis" ou inserção de declaração diversa. Delito caracterizado. A ação que desatenda ao cuidado e à atenção adequados, nas circunstâncias em que o fato ocorreu, é típica e será antijurídica se não houver causa de justificação. A culpabilidade no delito culposo, adverte Damásio, decorre da previsibilidade subjetiva. Quando o resultado era previsível para o sujeito,temos a reprovabilidade da conduta, a culpabilidade. A morte do feto, por hemorragia intracraniana devido a toco-traumatismo, por ação contundente, causada pelas mãos do medico, pelo uso de fórceps ou pela demora prolongada do parto, revela condutas culposas nas modalidades de imprudência e negligência. Evidente a culpa "stricto sensu", por imprudência e negligência, em face da previsibilidade subjetiva do agente, na conduta do obstetra que, na tentativa de parto normal, mesmo depois de detectado um empecilho para sua realização, retarda, sem justificação, por longas horas, a intervenção cesariana,causando ao feto hemorragia intracraniana devido a toco-traumatismo, por ação contundente, com resultado morte. É caso de negligência qualificada, causa de aumento da pena, em quantidade certa, por resultar o crime, de homicídio culposo, de atividade especifica da profissão de médico. Comete crime contra a fé publica, de falsidade documental, na figura da falsidade ideológica, o médico que, em atestado de óbito, omite a efetiva "causa mortis" ou nele insere declaração diversa, visando o "praejudicium alterius". (TJRJ. Apelação Criminal 1991.050.00898. Rel. Eneas Cotta. Data do julgamento: 23/06/1992)

Apelação criminal – homicídio culposo – negligência médica – exercício profissional – inépcia da denúncia – observação do art. 41 do Código de processo penal – ofensa ao art. 484 do CPP – inocorrência – absolvição – impossibilidade – autoria e materialidade devidamente demonstradas – presença do necessário nexo causal entre a omissão do acusado e o resultado morte da vítima – pedido ministerial de condenação – desobediência à ordem judicial – possibilidade – presença de dolo na conduta do agente – prescrição configurada – extinção da punibilidade – homicídio culposo – vítimas recém-nascidas – pedido ministerial de condenação dos réus – impossibilidade – ausência de nexo causal entre a conduta dos médicos e o resultado morte – recursos conhecidos, desprovido o defensivo e provido parcialmente o ministerial, rejeitadas as preliminares de inépcia da denúncia e de cerceamento de defesa levantadas, e a acolhida a extinção da punibilidade do réu pelo crime de desobediência em face da prescrição. (TJMG. Apelação Criminal 1.0145.00.009248-9/001. Rel. Márcia Milanez. Data do julgamento: 09/09/2005)

(...) Penal – homicídio culposo – erro médico – negligência – relação de causalidade – teoria do incremento do risco permitido – resultado que poderia ter sido evitado – demora no atendimento a paciente pós-operado – abandono durante a noite em clínica sem médico plantonista – septicemia – necessidade de início do tratamento com extrema urgência – diagnóstico e receita de medicamento a distância, por telefone, através de auxiliar de enfermagem – concurso do abandono noturno (demora no atendimento) e do atraso no diagnóstico para o resultado morte – condenação – necessidade. Segundo a teoria do incremento do risco permitido, forjada por Claus Roxin e prestigiada pela mais moderna doutrina penalista, responde por homicídio culposo o médico que, tendo sido responsável por cirurgia plástica em clínica particular, sem médico plantonista, é chamado pela paciente durante a noite e somente vai dar atendimento a ela pela manhã, encaminhando-a a unidade hospitalar com recursos adequados mais de 12 (doze) horas depois de acionado. Náuseas, vômitos e diarréias, detectados em paciente operada com corrimento vaginal, são sintomas de possível septicemia, que pode levar a infecções por todo o corpo se não tratada de imediato, mostrando-se impossível ao médico diagnosticá-la a distância, por telefone, sem um exame direto da paciente, que põe a dormir através de antidistônico, mascarando outros possíveis sinais do grave mal. Recomenda-se o início do tratamento da septicemia antes mesmo de dispor o médico dos exames necessários, no mais das vezes com ataques por até dois remédios distintos, para ficar com apenas um deles depois de confirmada a origem do mal. Quem não o faz incrementa o risco permitido e, em conseqüência, responde pelo resultado verificado. Condenação decretada. (TJMG. Apelação Criminal 1.0024.00.082550-5/001. Rel.: Maria Celeste Porto. Data do julgamento: 30/05/2006).

Penal – homicídio culposo – erro médico – autoria e materialidade comprovadas – erro de diagnóstico – não-realização de cesariana no momento adequado – negligência evidenciada – nexo de imputação – existência – conduta omissiva – incremento do risco – perda da oportunidade de agir – condenação – necessidade – dosimetria da pena – susbstituição da pena corporal – recurso a que se dá provimento. (TJMG/Apelação Criminal n.1.0024.00.046469-3/001. Rel.: Hélcio Valentim. Data do julgamento: 11/07/2006).

Penal – homicídio culposo – extinção da punibilidade quanto a um dos apelantes – prescrição – ocorrência – lapso prescricional reduzido pela metade – apelante maior de 70 à data da sentença – erro médico – configuração – perfuração de cólon em cirurgia de ligadura de trompas – laudo pericial conclusivo reforçado pro prova testemunhal e indiciária – recurso improvido. (TJMG. Apelação Criminal 2.0000.00.479057-4/000. Rel. Hélcio Valentim. Data do julgamento: 28/06/2005).

Homicídio culposo – destruição do feto durante o parto – enquadramento típico – culpa do médico – negligência – não-comprovação – absolvição mantida. A destruição do feto durante o parto caracteriza o crime de homicídio, desde que não praticada por quem se encontrar nas condições do privilégio previsto no art. 123 (infanticídio) do Código Penal. Ausente a comprovação cabal da conduta médica negligente, é impossível a condenação pretendida pelo Ministério Público. Absolvição mantida. Recurso desprovido. (TJMG. Apelação Criminal 2.0000.00.432144-2/000. Rel. Alexandre Victor de Carvalho. Data do julgamento: 18/05/2004).

Apelação criminal – homicídio culposo – erro médico – negligência – pneumonia pós-operatória – condenação. Num quadro de cianose, dificuldade de respiração e febre constante, é rotina solicitar exame radiológico dos pulmões, pela evidenciada suspeita de doença respiratória. Ante tais circunstâncias, razoável exigir de qualquer profissional da medicina (*homo medius*) imaginar uma possível infecção, combatendo-a com medicação apropriada; do contrário, evidenciada a negligência funcional, vindo a vítima a falecer, o responsável incorre nas penas do art. 121, § 3º, do Código Penal. (TJMG. Apelação Criminal 2.0000.00.466000-0/000. Rel. William Silvestrini. Data do julgamento: 04/05/2005)

Apelação criminal – homicídio culposo – negligência médica – erro profissional – absolvição mantida. A condenação penal exige prova inequívoca da conduta negligente e/ou imperita do médico que, podendo agir, deixa de cumprir protocolo para tratamento do paciente, seja por inércia, seja por desconhecimento da profissão. Havendo mais de uma solução médica, a escolha por uma em detrimento de outra, de modo honesto, não caracteriza culpa *in omittendo*. (TJMG. Apelação Criminal 2.0000.00.448125-4/000. Rel. Alexandre Victor de Carvalho. Data do julgamento: 12/04/2005).

Homicídio culposo – erro médico – imperícia e negligência – paciente com fortes dores no peito esquerdo e dormência no braço esquerdo – idade de risco para insuficiência coronariana – necessidade de exames complementares antes da alta médica – diagnóstico incorreto – inobservância de regra técnica de profissão – condenação nas iras do art. 121, §§ 3º e 4º do CP. O erro de diagnóstico provocado pela omissão de procedimentos recomendados ante os sintomas exibidos pelo paciente, pessoa com quase 60 anos, idade de risco para insuficiência coronariana, acarreta responsabilidade médica, nos termos do art. 121, §§ 3º e 4º, do CP, que só pode ser excluída da cadeia causal se houver prova plena de que o agente procurou seguir todas as regras elementares da Medicina sem aumentar o risco permitido pela situação em que se encontrava o paciente. (TJMG. Apelação Criminal 1.0441.05.002591-1/001. Rel. William Silvestrini. Data do julgamento: 28/06/2006).

Penal – homicídio culposo – erro médico – configuração – complicações pós-operatórias – omissão do tratamento de urgência necessário – erro de diagnóstico derivado de negligência na análise dos sintomas apresentados e das peculiaridades do caso médico – prova técnica e testemunhal apontando no sentido da responsabilização do apelante. Recurso não provido. (TJMG. Apelação Criminal 2.0000.00.478306-8/000(1). Rel.Hélcio Valentim. Data do julgamento: 23/08/2005).

Homicídio culposo – erro médico – inexistência de nexo de causalidade e previsibilidade objetiva – absolvição mantida. Não se podendo estabelecer o nexo causal entre a conduta do agente e o evento lesivo, tampouco extrair a previsibilidade objetiva para o fato, segundo a visão do *homo medius*, impossível se falar em crime culposo, pois o Direito Penal Pátrio repugna a culpa presumida e a responsabilidade objetiva. Recurso improvido. (TJMG. Apelação Criminal 2.0000.00.487277-1/000. Rel. Antônio Armando dos Anjos. Data do julgamento: 13/09/2005).

Penal – processo penal – erro médico- homicídio culposo – negligência – carência de prova – absolvição mantida. Para a configuração da autoria de homicídio culposo imputado a médico no exercício da profissão, mister se faz a prova robusta da existência de culpa na causalidade do evento.(TJMG. Apelação Criminal 1.0024.00.003319-1/001. Rel. Eli Lucas de Mendonça. Data do julgamento: 17/05/2006).

Denunciado: Prefeito Municipal e médico. – Documentos que informam sobre gestação pós-termo e, portanto, considerado de risco. – Culpa *stricto sensu* – demora de uma efetiva providência – Morte do feto por improvável imperícia do ora denunciado. – Recebimento da denúncia. (TJMG. Processo Crime por Competência Originária 1.0000.00.117321-0/000. Rel. Gomes Lima. Data do julgamento: 05/10/1999).

1.Omissão de socorro, inocorrência. 2. Ausência de prova de autoria, reconhecimento. 3. *Infelicitas facti* extrapola a responsabilização penal do médico, desconhecedor do estado da vítima, ocupado em outro procedimento de urgência. (TJMG. Apelação Criminal 2.0000.00.331882-1/000(1). Rel. Erony da Silva. Data do julgamento: 11/09/2001).

Revisão criminal – homicídio culposo – erro médico – decisão contrária à lei e à evidência dos autos – não caracterização – pedido indeferido. Restando não comprovada a alegada existência de decisão contrária à lei, ou à evidência dos autos, impossível desconstituir o trânsito em julgado de v. acórdão penal condenatório, devendo permanecer íntegra a coisa julgada firmada. Revisão indeferida.(TJMG. Revisão Criminal 2.0000.00.390990-2/000. Rel. Antônio Armando dos Anjos. Data do julgamento: 11/11/2003).

Penal – homicídio culposo – erro médico – anestesia – falta de adoção de aparelhagem necessária à monitorização da cirurgia – neglig6encia caracterizada – absolvição – impossibilidade. Havendo comprovada omissão do médico responsável pela anestesia, ao não utilizar aparelhagem recomendada pelo Conselho Federal de Medicina, tidos e havidos como necessários à plena segurança da monitorização do quadro clínico do paciente durante intervenção cirúrgica, tem-se por caracterizada a culpa na modalidade negligência, razão por que responde pelo resultado lesivo derivado da conduta omissa. Recurso provido. (TJMG. Apelação Criminal 2.0000.00.386615-5/000. Rel. Antônio Armando dos Anjos. Data do julgamento: 01/07/2003).

Apelação criminal – homicídio culposo – nulidades – intimação da expedição das precatórias – regularidade – inversão na ordem dos depoimentos – ausência de prejuízo – preliminares afastadas – mérito – ACD – imprestabilidade – suprimento pela prova indireta – culpa – negligência – inobservância de regra técnica – regime – alteração – recurso parcialmente provido. "Para a verificação do contraditório, basta a intimação à defesa da expedição da carta precatória, devendo o advogado diligenciar para tomar ciência da data das futuras audiências junto aos juízos deprecados". – "A inversão da ordem processual na inquirição das testemunhas de acusação e defesa representa nulidade relativa, cujo prejuízo cabe à parte comprovar, de modo que, não o fazendo, há de se aplicar a regra do art. 563 do CPP". – "A imprestabilidade do auto de corpo de delito pode ser suprida pela prova indireta, esta a teor do que dispõe o art. 167 do CPP". – "Configura negligência médica não se atentar para a gravidade do quadro clínico da paciente no pós-parto, mascarando-o, inclusive para priorizar compromisso particular". – "Caracteriza a majorante da inobservância de regra técnica da profissão, disposta no § 4º do art. 121 do CP, deixar o médico de encaminhar a paciente a centro de saúde mais avançado em tempo hábil". (TJMG. Apelação Criminal 2.0000.00.356578-8/000(1). Rel. Eduardo Brum. Data do julgamento: 30/04/2003)

Penal e processual penal – razões de apelação intempestivas – mera irregularidade – homicídio culposo – erro médico – crime omissivo impróprio culposo – inexistência de prova do nexo causal – absolvição. Interposta a apelação no prazo legal, eventual atraso na apresentação das razões traduz mera irregularidade. Para a condenação por crime omissivo impróprio é necessária a prova da existência de um nexo de evitação entre a atitude devida e o resultado lesivo. Não feita a prova, a absolvição dos acusados se impõe. (TJDF. Apelação Criminal 20010310058123APR DF. Rel. Sérgio Bittencourt. Data do julgamento: 26/01/2006)

Penal e processo penal – razões de apelação intempestivas – mera irregularidade – homicídio culposo – erro médico – aplicação do princípio *in dubio pro reo* – necessidade de prova do nexo de causalidade. Interposta a apelação no prazo legal, eventual atraso na apresentação das razões traduz mera irregularidade. Milita em favor do réu a comprovada omissão ou a adulteração do relatório médico. Aplicação do princípio *in dubio pro reo.* Para a condenação por crime culposo faz-se necessária a prova da existência de uma relação de determinação entre a violação do dever de cuidado e o resultado. Não feita tal prova, a absolvição do acusado se impõe. (TJDF. Apelação Criminal 20010111004079APR DF. Rel. Sérgio Bittencourt. Data do julgamento: 23/06/2005)

Homicídio culposo. Morte por complicações em procedimento anestésico. Negligência. Comete o crime de homicídio culposo, com o aumento de pena previsto no § 4º do art. 121 do Código Penal, o médico que, depois de aplicar anestesia em paciente, ausenta-se injustificadamente da sala cirúrgica, vindo ele a falecer em decorrência da falta de vigilância de suas funções vitais. (TJDF. Apelação Criminal 20010750040360APR DF. Rel. Getulio Pinheiro. Data do julgamento:14/03/2002).

Penal e processo penal – erro médico – Lesão corporal culposa – recurso ministerial: condenação por lesão corporal dolosa- impossibilidade – condenação por crime contra a ordem tributária – emissão de nota fiscal falsa – preclusão – majoração da pena – incabível. Recurso da defesa: ausência da previsibilidade objetiva e

subjetiva – exclusão da tipicidade e culpabilidade – improcedência – inobservância de regra técnica – causa de aumento de pena – incidência – desprovimento de ambos os recursos.
I – O nosso legislador pátrio adotou (art. 18, inc. I, CPB), quanto ao dolo, as teorias da vontade e do assentimento. Dolo, assim, é a vontade de realizar o resultado ou a aceitação dos riscos de produzi-lo. O réu, médico sem especialização em ginecologia e cirurgia plástica, que realiza ato cirúrgico denominado "colpoperineoplastia" na vítima, reduzindo excessivamente a sua vagina, age com imprudência e imperícia. Imprudente, porque laborou em ato cirúrgico para o qual julgava-se paramentado, mas não estava, e sem prévia consulta a um ginecologista, ou seja, agiu sem o cuidado necessário e aconselhável a um médico. Imperito, porque demonstrou inaptidão, inabilitação, incapacidade técnica para o feito empreendido. Impossível a adequação da conduta do réu no crime de lesão corporal dolosa, pois o resultado danoso, embora previsto, não foi aceito pelo réu, nem lhe foi indiferente.
II – O pedido de condenação por crime do art. 1º, da Lei nº 8137/90, formulado pelo Ministério Público, em aditamento às suas razões de apelação, em decorrência da juntada, pela Defesa nas Alegações Finais, de nota fiscal supostamente falsa, está fulminado pela preclusão, eis que, quando devidamente intimado, quedou-se inerte.
III – Ocorre a previsibilidade objetiva e subjetiva pois, como médico, o réu possuía a possibilidade de prever o resultado, pois, sabedor de que não era especializado em cirurgia plástica e nem ginecologia, especialidades exigidas para a realização daquele tipo de cirurgia, mesmo assim, imprudentemente, decidiu realizá-la, confiando em sua habilidade técnica.
IV – A aplicação da causa de aumento de pena relativa à inobservância de regra técnica da profissão é compatível com a condenação em crime culposo quando o núcleo da culpa é a imperícia.
V – Irretocável a sentença em que o MM. Juiz, sopesando as circunstâncias do art. 59, e constatando serem elas parcialmente desfavoráveis, fixa a pena-base um pouco além do mínimo legal. (TJDF. Apelação Criminal 19980110122384APR DF. Rel. Natanael Caetano. Data do julgamento: 13/12/2001).

Penal – processo penal – omissão de socorro – dolo configurado – exame de corpo de delito desnecessário – crime omissivo próprio – ausência de correlação entre a acusação e a sentença condenatória não caracterizada – extirpado do cálculo da pena o acréscimo decorrente dos antecedentes criminais desfavoráveis ao apelante – recurso parcialmente provido. 1. É evidente o dolo do apelante, que deixou de prestar assistência médica à vítima que se encontrava em precário estado de saúde, conforme atestado pelo médico que o atendeu em outro hospital. 2. O crime de omissão de socorro qualifica-se como crime omissivo próprio, bastando para que se repute consumado que o agente tenha se omitido quando deveria ter agido. 3. O apelante defendeu-se dos fatos a ele imputados na denúncia. Assim sendo, resta afastada a tese de que não há correlação entre a denúncia e a sentença condenatória. 4. Em razão de ter sido o apelante absolvido na ação penal que tramitou na terceira vara criminal, excluo o cômputo da pena os 2 meses que fora acrescidos em razão de antecedentes criminais. Fixo, assim, a pena em 2 meses de detenção. (TJDF. Apelação Criminal 20050410089718APJ DF. Rel. Esdras Neves Almeida. Data do julgamento: 15/08/2006)

Omissão de socorro – médico que recusa assistência a menor vítima de pequeno acidente, a pretexto de ser a mãe daquela, que a acompanhava, devedora de honorários – motivo egoístico – crime caracterizado – condenação mantida – pena reduzida ante o reconhecimento da atenuante da confissão espontânea. Caracteriza o crime do artigo 135, do CP, a conduta do médico que recusa assistência a menor vítima de pequeno acidente, a pretexto de falta de pagamento de cirurgia realizada anteriormente na progenitora da vítima; não importa que o ferimento seja leve, desde que, embora passageiramente, reduza à vítima à situação de não poder valer-se a si mesma, ensejando-se, assim, a agravação do perigo.(TJSC. Apelação Crime 30.415. Rel. Nilton Macedo Machado. Data do julgamento: 25/02/1994).

Apelação. Lesão corporal culposa. Crime médico. Adoção de rito previsto na Lei 9.099/95 em processo de causa complexa. Decretada a nulidade do processo por infração aos princípios do devido processo legal e ampla defesa. Declarada prescrição da pretensão punitiva. (TJRS. Apelação Crime 70001338508. Rel. Cláudio Baldino Maciel. Data do julgamento: 12/12/2000).

Apelação. Comarca de Carazinho. Homicídio culposo. Omissão do médico-obstetra que, chamado na sala de parto, chegou ao local após ter sido este realizado. Criança que morreu em razão de traumatismo craneano, amassamento cerebral e conseqüente hemorragia difusa em face da desproporção entre seu tamanho e o canal do parto de sua genitora. Médico que, antes, recomendara cesariana em face do tamanho do infante. Circunstância traumática previsível. Omissão injustificável. Sentença condenatória mantida. Apelo improvido. (TJRS. Apelação Crime 70000643148. Rel. Cáudio Baldino Maciel. Data do julgamento: 13/06/2000).

Omissão de socorro. Médico que ao não receber quantia cobrada abusivamente do enfermo, recusa-se a prestar-lhe assistência. Delito configurado. Condenação mantida. Pena de multa fixada excessivamente. Diminuição. Recurso provido parcialmente. (TJSC. Apelação Crime 31.188. Rel. Genésio Nolli. Data do julgamento: 24/05/1994).

Homicídio culposo – "trombose mesentérica" – erro médico – negligência no diagnóstico – dúvida – aplicação do art. 386, VI, do CPP – absolvição mantida – recurso não provido. A relação médico/paciente origina obrigação de meio e não de resultado, em a qual o primeiro, utilizando-se dos recursos disponíveis, deve comportar-se diligente e cuidadosamente, de acordo com a ética; não sendo a medicina, assim como o direito, uma ciência matemática, com métodos obrigatórios e rígidos de diagnóstico, não se pode presumir culpa pela infelicidade ocorrida, apenas em razão da orientação equivocada dada ao caso. "A previsibilidade deve ser estabelecida conforme a capacidade de previsão de cada indivíduo, sem que para isso tenha que se recorrer a nenhum 'termo médio' ou 'critério de normalidade'" (Eugênio Raúl Zaffaroni). A culpa presumida não é admissivel em nosso Direito Penal, nem a responsabilidade objetiva, esta que é própria do Direito Civil, devendo se estabelecer o vínculo psíquico efetivo entre o agente e o resultado; na dúvida, a absolvição é medida que se impõe. "'Para o exame da conduta culposa de profissionais da medicina, torna-se de substancial importância a análise dos elementos de natureza técnica contidos no processo, não bastando o juízo crítico de leigos sobre a questão, informado de pesada carga emocional e relacionado mais diretamente a aspectos secundários do comportamento profissional dos médicos' (RT 574/357). 'A acusação por homicídio culposo, grave por si só, é mais grave ainda quando dirigida a um médico. Daí a razão jurídica e lógica de exigir a prova cabal, plena, segura, certa da existência da culpa na causalidade do evento, no sentido material e psicológico' (RT 589/355)" (Ap. Crim. n. 30130, Rel. Des. Souza Varella). (TJSC. Apelação Crime 99.007916-3. Rel. Nilton Macedo Machado. Data do julgamento: 17/08/1999).

Homicídio doloso – inocorrência – tratamento hospitalar – alta médica – indisciplina do paciente – morte dias depois, por concausa independente – responsabilidade do médico – crime comissivo por omissão – dever técnico – ausência – infecção superveniente – inocorrência de dolo direto, eventual ou mesmo culpa – impronúncia mantida – recurso não provido. A responsabilidade penal do agente depende de prova não só da relação causal (art. 13, CP) como da presença de dolo, direto ou eventual, ou culpa (art. 18, CP), aliados à previsibilidade do resultado imputável ao mesmo agente. Nos casos de crimes comissivos por omissão, exige-se o dever jurídico de atuar, sem o qual a conduta não é considerada causa. A responsabilidade profissional do médico limita-se ao dever jurídico na obrigação quanto ao meio, mas não quanto ao resultado.(TJSC. Recurso Criminal 98.006863-0. Rel. Nilton Macedo Machado. Data do julgamento: 20/04/2000).

Apelação Criminal. Omissão de socorro. Médico que presta, efetivamente, assistência a paciente e, diante do diagnóstico, o encaminha a outro profissional. Ausência de conduta omissiva, pressuposto indeclinável à configuração do delito. Absolvição decretada, nos termos do artigo 386, inciso III, do Código de Processo Penal. (TJSC. Apelação Crime 99.022184-9. Rel. Maurílio Moreira Leite. Data do julgamento: 18/04/2000).

Apelação criminal. Homicídio culposo. Erro médico. Nexo de causalidade entre o procedimento médico adotado e o óbito do paciente. Ausência de comprovação. Recurso desprovido. "'A acusação por homicídio culposo, grave por si só, é mais grave ainda quando dirigida a um médico. Daí a razão jurídica e lógica de exigir a prova cabal, plena, segura, certa, da existência da culpa na causalidade do evento, no sentido material e psicológico' (TACRIM-SP – AC – Rel. Mário Vitiritto – RT 589/355)." (Franco, Alberto Silva; Silva Júnior, José; Betanho, Luiz Carlos; Stoco, Rui; Feltrin, Sebastião Oscar; Guastini, Vicente Celso da Rocha, e Ninno,

Wilson, Código penal e sua interpretação jurisprudencial, volume 2: parte especial, 7ª ed. rev., atual. e ampl., São Paulo, Ed. Revista dos Tribunais, 2001, p. 2175). (TJSC. Apelação Crime 2002.019231-2. Rel. Sérgio Paladino. Data do julgamento: 17/12/2002)

Homicídio culposo. Culpa demonstrada Condenação mantida. Se o profissional médico age de forma grosseira, não empregando os cuidados necessários no trato de paciente que vai ao óbito, age com culpa manifesta, na modalidade de negligência e imperícia, notadamente quando conhecedor do quadro clínico do paciente, não emprega, podendo fazê-lo, as regras a que estava obrigado, incluindo a assistência de profissional da área de cardiologia, indicada ao caso e de seu perfeito conhecimento, especialmente, quando emprega ato cirúrgico não indicado e desnecessário em paciente de alto risco, que vem a falecer. Age com culpa quem infringe um dever de cuidado que lhe incumbe pessoalmente e pode prever a ocorrência do resultado. Sentença confirmada. Condenação mantida. (TJSC. Apelação Crime 29.847. Rel.Cláudio Marques. Data do julgamento: 17/05/1994).

Habeas Corpus – homicídio culposo – acusação de imperícia médica na realização de parto – aplicação de anestesia contra-indicada e emprego de fórceps – laudo pericial – morte do feto poucas horas antes do parto – ausência de justa causa para a ação penal – ordem concedida. "A denúncia deve necessariamente apresentar-se lastreada em elementos que evidenciem a viabilidade da acusação, sem o que se configura abuso do poder de denunciar, coarctável por meio de *habeas corpus*" (RSTJ 29/113). (TJSC. *Habeas Corpus* 97.009940-1. Rel. Paulo Gallotti. Data do julgamento: 14/10/1997).

Apelação criminal – Homicídio culposo – Imperícia e negligência atribuídas a médico – Prova testemunhal insuficiente para o reconhecimento da culpa penal, que exige demonstração inequívoca – Sentença absolutória mantida. "A acusação por homicídio culposo, grave por si só, é mais grave ainda quando dirigida a um médico. Daí a razão jurídica e lógica de exigir a prova cabal, plena, segura, certa, da existência da culpa na causalidade do evento, no sentido material e psicológico" (RT 589/355). (TJSC. Apelação Crime 96.009541-1. Rel. Souza Varella. Data do julgamento:13/05/1997).

Habeas Corpus. Ação penal. Denúncia nula. Peça acusatória que dentre vários envolvidos em caso de homicídio culposo caracterizado por grave omissão de socorro médico em emergência hospitalar, contra vítima de aneurisma dissecante da aorta abdominal, elege dentre eles, apenas dois. Vulneração do princípio da indivisibilidade e da obrigatoriedade da ação penal. Nulidade manifesta. Ordem concedida. (TJSC. *Habeas Corpus* 11.517. Rel.Ayres Gama Ferreira de Mello. Data do julgamento: 14/06/1994).

Homicídio culposo, decorrente de negligência, com inobservância de regra técnica de profissão, e tendo como vítima criança (CP, art. 121, §§ 3º e 4º, 1ª parte c/c art. 61, inc. II, "h") – médico, sem vínculo trabalhista com entidade hospitalar, de sobreaviso, a quem imputada demora voluntária no atendimento, causando a morte da vítima – lapso temporal transcorrido que, pela brevidade, não caracteriza desídia –ausência de elementos suficientes para comprovar o nexo causal entre o óbito e o decurso de tempo- absolvição que se impõe – recurso provido. (TJSC. Apelação Crime 2005.042062-3. Rel.Irineu João da Silva. Data do julgamento: 21/03/2006).

Homicídio culposo – erro médico – inocorrência de violação do dever de cuidado – médico que após realizar os exames necessários, prescrever a medicação correta, indicar a terapêutica e avaliar o paciente, concedeu-lhe alta para que seguisse o tratamento em casa – ausência de negligência no desempenho da atividade – inexistência, ademais, de nexo causal entre a conduta do profissional e o resultado lesivo - absolvição mantida – recurso desprovido. (TJSC. Apelação Crime 2003.030496-7. Rel. José Carlos Carstens Köhler. Data do julgamento: 31/08/2004).

Habeas Corpus para trancamento de ação penal. Paciente acusado de prática de crime de homicídio culposo, alegação de inépcia da denúncia. Paciente médico que se descuidou de seus deveres de ofício e terminou por causar a morte de uma criança. Existência de fato a ser apurado com possibilidade de existência mesmo de crime. Denúncia com o mínimo necessário para deflagração da ação penal. Indeferimento da ordem acolhendo-se o opinativo ministerial. Se o paciente efetivamente foi o responsável pelo atendimento da parturiente desde o dia anterior e não realizou a tempo a intervenção cesariana que resolveria a situação, tem que responder em devido processo legal que concluirá por sua culpa ou não. Em sede de habeas-corpus resta impossível examinar-se a questão a fundo a ponto de se trancar a ação penal em andamento. (TJBA. *Habeas Corpus* 38.119-2/2002. Rel. Lourival Ferreira. Data do julgamento: 11/02/2003).

Homicídio. Negligência. Nexo de causalidade. Falsidade ideológica. Relevância jurídica da declaração. Pena. Dosimetria. Circunstâncias judicias desfavoráveis. Justificativa acima do mínimo legal. Substituição.

Age sem o devido cuidado objetivo médico anestesista que, após aplicar anestesia no paciente, se retira da sala cirúrgica sem atentar para monitoração do batimento cardíaco da vítima, que vem a sofrer parada cardiorrespiratória e morre.

A suposição de que a morte da vítima decorreu de infecção na Unidade de Tratamento Intensivo do hospital constitui causa sucessiva à parada cardiorrespiratória decorrente da anestesia aplicada. E, como tal, encontra-se na linha de desdobramento físico ou anatômico-patológico da morte da vítima, devendo o médico anestesista responder pelo resultado.

A inserção de gráfico de batimento cardíaco em ficha médica, com data retroativa, para falsamente dar a entender que monitorou regularmente o batimento cardíaco

da vítima durante o processo anestésico, constitui declaração de relevância jurídica, passível de configurar o crime de falsidade ideológica.
As circunstâncias judiciais consideradas desfavoráveis em sua maioria justificam o aumento da pena-base acima do mínimo legal. E a simples condição de primário não impõe a diminuição para o mínimo.
O fato de as circunstâncias judiciais desfavoráveis justificarem o aumento da pena-base acima do mínimo não implica, por si só, na insuficiência da pena substitutiva. Somente a incompatibilidade da substituição e a convivência social harmônica justificariam a denegação. (TJRO. Apelação Criminal 02.003401-6. Rel. Valter de Oliveira. Data do julgamento: 15/05/2003)

Penal. Processual. Hospital em greve. Homicídio culposo. Exame de corpo de delito. Denúncia. Ação penal. Trancamento. *Habeas Corpus*. Recurso.
1. O exame de corpo de delito não é imprescindível se a causa da morte, no hospital e greve, é descrita no laudo oficialmente. Inexistente a nulidade alegada.
2. Rqecurso conhecido mas improvido. (STJ. RHC 4179. Rel. Edson Vidigal. Data do julgamento: 14/12/1994).

RHC. Lesão corporal culposa. Erro médico. Trancamento de ação penal. Ausência de justa causa não-evidenciada de plano. Impropriedade do *writ*. Validade da representação. Recurso desprovido.
I. A falta de justa causa para a ação penal só pode ser reconhecida quando, de pronto, sem a necessidade de exame valorativo do conjunto fático ou probatório, evidencia-se a atipicidade do fato, a ausência de indícios a fundamentarem a acusação ou, ainda, a extinção da punibilidade.
II. O *habeas corpus* constitui-se em meio impróprio para a análise de questões que exijam o exame do conjunto fático-probatório – como a sustentada ausência de justa causa porque não teria o paciente agido com imprudência ou imperícia – tendo em vista a incabível dilação que se faria necessária.
III. Não se reconhece qualquer vício na representação, se a mesma foi procedida nos termos do art. 39 do CPP.
IV. Recurso desprovido. (STJ. RHC 8.862/DF. Rel. Gilson Dipp. Data do julgamento: 07/12/1999).

Penal. Processual penal. *Habeas Corpus*. Ação penal. Trabalho de parto. Lesão física. Crime. Inexistência.
- Não há crime a punir na hipótese em que o médico, durante os trabalhos de um parto, acompanhou a evolução do quadro clínico da parturiente com todo o cuidado, consignado o diagnóstico correto, sem a constatação de qualquer erro técnico-profissional.
- Inexistindo justa causa para a ação penal, impõe-se a concessão do *habeas corpus* para fazer cessar o constrangimento ilegal. (STJ. HC 7.174/ES. Rel. Vicente Leal. Data do julgamento: 23/06/1998).

Habeas Corpus. Lesão corporal culposa. Médico em serviço em hospital federal. Artigo 109, inciso IV, da Constituição Federal. Falta de interesse da União. Competência da Justiça estadual.

1. Não demonstrando a denúncia que o delito teria se dado em detrimento da União, não se mostra razoável a interpretação de que o só fato de o réu estar desenvolvendo atividades em hospital federal seria suficiente para atrair a competência da Justiça Federal.

2. Ordem concedida. (STJ. HC 28.946/RS. Rel. Paulo Gallotti. Data do julgamento: 15/03/2005)

Habeas Corpus. Homicídio culposo. Negligência médica. Ausência de apreciação de concausa superveniente. 1. Alegação infundada. Embora não enfrentada no acórdão condenatório, a questão foi discutida e rejeitada no julgamento dos embargos de declaração. 2. RHC improvido.(STF. RHC 86675/MG. Rel. Ellen Gracie. Data do julgamento: 29/11/2005)

Habeas Corpus. Concessão de ofício. 2. Denúncia oferecida contra médico, enfermeira e atendente de enfermagem, por homicídio culposo, em virtude da retirada do hospital de pessoa nele internada, cuja esposa decidira transferi-lo a outro hospital, vindo a falecer durante a remoção. 3. Absolvidos, por falta de provas, o médico e a atendente de enfermagem, respectivamente, na sentença e no acórdão, restou condenada, apenas, a enfermeira, como incursa no art. 121, § 3º, do Código Penal. 4. Não merecem acolhida os dois fundamentos da inicial: colidência de defesas e violação aos princípios da obrigatoriedade e da indivisibilidade. 5. Quanto ao primeiro, cumpre notar que todos os co-réus se defendiam em uma mesma visualização dos fatos e do direito: pretendia-se afastar a responsabilidade dos co-réus, a partir, precisamente, da alegação de a saída da vítima do hospital ter ocorrido, em virtude da insistência da esposa que seria, assim, a única responsável pelo resultado posterior da morte de seu marido. 6. Quanto ao segundo fundamento da inicial, o Ministério Público não aditou a denúncia para nela incluir a esposa da vítima, porque entendeu que a prova era insuficiente para a condenação de qualquer dos denunciados e da aludida esposa. Cuidando-se de crime de ação pública, o MP é o titular da ação penal, não podendo, desse modo, o Juiz compeli-lo a aditar a denúncia. 7. Código Penal, art. 13, § 2º Sua não caracterização, quanto à paciente, segundo os termos da sentença e do acórdão. A omissão a que se refere o dispositivo somente é penalmente relevante quando o omitente devia e podia agir para evitar o resultado. 8. Na hipótese em exame, como decorre das decisões em análise, a obrigação de cuidado, proteção ou vigilância da paciente, relativamente à vítima, não foi descurada, no que concerne ao tratamento devido e prescrito pelo médico. A saída da vítima, de outra parte, não se fez por determinação ou autorização da enfermeira que, juntamente com o médico e a atendente de enfermagem, segundo a prova apontada na sentença e no acórdão, aconselhou, persistentemente, à esposa da vítima no sentido da inconveniência de transferir o doente a outro hospital. 9. Mesmo se se admitisse na espécie caracterizada a obrigação da paciente de impedir a saída da vítima do hospital, não possuía a enfermeira, de forma efetiva, diante do quadro fático descrito no acórdão, pessoal e fisicamente, condições de poder obstar, em concreto, a ação da esposa da vítima em seu desiderato de transferi-la de hospital, adotando, inclusive, para isso, as providências indispensáveis. 10. *Habeas Corpus* deferido, de ofício, para absolver a paciente, com base no art. 386, III, do CPP, combinado com o art. 13, § 2º, do Código Penal. (STF. HC 72843/ RS. Rel. Néri da Silveira. Data do julgamento: 18/03/1996).

3. O médico e o dever de informação: aspectos jurídico-penais

3.1. O dever de informação[80] na relação médico-paciente

Sendo uma criação dos tempos modernos, que começou a se desenvolver a partir do século XIX,[81] o direito penal médico ou direito penal da medicina constitui uma decorrência coerente, ao nível da atividade desenvolvida na relação médico-paciente, do *paradigma do direito penal geral* próprio das sociedades democráticas avançadas dos nossos dias.[82]

Inspirada pelos princípios da beneficência e da não maleficência[83] (*nihil nocere*), a relação médico-paciente faz derivar para o médico o dever de informação no interesse da saúde do paciente, fundamentalmente nos casos que em seja necessário prevenir ou curar enfermidades.[84] Além de elevar o nível da qualidade assistencial, a exigência do esclarecimento visa a assegurar e a fortalecer a manutenção da relação de confiança entre o médico e o paciente. Na verdade, cada vez mais, o dever de informação ao paciente vem sendo exigido juridicamente com mais rigor dos profissionais da saúde, em especial dos médicos.[85] Não significa dizer todavia que,

---

[80] Os termos *informação* e *esclarecimento* são utilizados como sinônimos neste texto.

[81] ESER, *RPCC* (2004), p. 13;15.

[82] FIGUEIREDO DIAS, *RPCC* (2004), p. 243.

[83] Sobre os referidos princípios, v., desenvolvidamente, BEAUCHAMP; CHILDRESS, *Princípios de ética biomédica*, esp. p. 209 e ss.; e 281 e ss.

[84] Similar, BLANCO CORDERO, *Actualidad Penal* (1997), p. 576.

[85] A propósito da relação médico-paciente, ROMEO CASABONA observa que, com a mudança do modelo sanitário, produziu-se uma transformação do tratamento individualizado

anteriormente, não se informasse o paciente, mas sim que isso não era sentido pelos médicos como uma obrigação, senão como algo discricionário e talvez condicionado à (presumida) receptividade que pudesse ter o paciente.

O dever de informação constitui uma exigência derivada das regras da arte médica, tratando-se de um dever enquadrável, portanto, dentro da chamada *lex* (ou *leges*) *artis*.[86] Sob o ponto de vista jurídico-penal, portanto, e salvo raras exceções, o dever de informar adequadamente ao paciente é um dever de cuidado que se impõe ao médico no exercício da sua profissão, e caso seja violado pode levar à sua responsabilização penal por culpa, comissiva ou omissiva (omissão imprópria), se for produzido um resultado no paciente.

Por outro lado, o esclarecimento médico apresenta uma dupla face, sendo ao mesmo tempo um dever para o médico e um direito do paciente.[87] Aliás, hoje parece inegável que o paciente tem um direito a ser (devidamente) informado pelo médico a respeito do diagnóstico da sua doença, da realização de determinados exames e procedimentos, bem como dos resultados obtidos a partir destes.[88]

---

ao complexo, próprio dos centros de saúde e hospitais, o que leva consigo a concorrência de uma pluralidade de profissionais com diversas especialidades e níveis de formação, assim como a disponibilidade de mais recursos, também mais sofisticados (ROMEO CASABONA, In: Romeo Casabona; Queiroz, *Biotecnologia e suas implicações ético-jurídicas*, p. 132). Aduz COSTA ANDRADE que, "à vista da crescente organização e burocratização dos serviços de saúde, cada vez mais anônimos e impessoais, a relação de confiança *está longe de configurar como um momento necessário da interação médico-paciente*" (COSTA ANDRADE, *Direito penal médico*, p. 186).

86 De acordo com a *Convenção de direitos humanos e da biomedicina* (Conselho da Europa, 1996): "qualquer intervenção no domínio da saúde, incluído a pesquisa, deve ser efetuada com respeito pelas normas e deveres profissionais, bem como pelas regras de conduta aplicáveis ao caso"(art. 4º). Nesse sentido, o Código de ética médica brasileiro veda ao médico: "efetuar qualquer procedimento médico sem o esclarecimento e o consentimento prévios do paciente ou de seu responsável legal, salvo em iminente perigo de vida" (art. 46).

87 Os direitos dos pacientes vêm sendo reconhecidos em importantes documentos; v., entre outros: *Declaração dos direitos do paciente* (Associação Americana de Hospitais, 1972); *Declaração sobre direitos do paciente* (Assembleia Médica Mundial, 1981); *Resolução* 613 e *Recomendação* 779, relativas aos direitos dos enfermos e moribundos (Conselho da Europa, 1976).

88 O próprio Código de ética médica brasileiro reconhece isso, sendo vedado ao médico: "exercer sua autoridade de maneira a limitar o direito do paciente de decidir livremente sobre sua pessoa ou seu bem estar" (art. 48); e "desrespeitar o direito do paciente de decidir livremente sobre a execução de práticas diagnósticas ou terapêuticas, salvo em caso de iminente perigo de vida" (art. 56).

Por conseguinte, o esclarecimento médico é um direito que garante ao paciente "um espaço livre de decisão" quanto a dois aspectos: *a)* ao que o paciente quer e não quer saber sobre si próprio, nomeadamente sobre o seu corpo e a sua saúde, tanto no que respeita ao presente como no que concerne ao futuro;[89] e *b)* à intervenção médica a ser realizada. Neste último caso, fala-se em consentimento informado ou esclarecido (*informed consent*), isto é, aquela decisão voluntária, tomada após um processo informativo e deliberativo, visando à aceitação de uma determinada intervenção (tratamento ou experimentação), sabendo a sua natureza, suas consequências e seus riscos.[90] Na realidade, o consentimento informado constitui a legitimação e o fundamento do ato médico,[91] sobretudo em relação a pesquisas em seres humanos e a certos tratamentos invasivos (p. ex. intervenções médico-cirúrgicas), dificilmente ocorrendo em simples e corriqueiras consultas clínicas. Como explica Clotet, "de forma geral, a prática do consentimento informado fica limitada aos procedimentos invasivos e a situações extraordinárias como poderia ser o ingresso num hospital. O consentimento informado raramente é solicitado na prescrição de um remédio usual ou para realizar um exame comum. Também não é obtido, na maioria das vezes, na aplicação de uma injeção, exames físicos ou laboratoriais, e outras práticas que podem acontecer na hora em que uma pessoa é hospitalizada".[92] Enfim, cabe ao paciente (autônomo e juridicamente

---

[89] COSTA ANDRADE, *Direito penal médico*, op. cit., p. 23. Nestes termos, a *Convenção dos direitos humanos e da biomedicina* (art. 10): "1. qualquer pessoa tem direito ao respeito pela sua vida privada relativamente a informações sobre a sua saúde; 2. qualquer pessoa tem direito de conhecer toda a informação recolhida sobre a sua saúde. Contudo a vontade da pessoa e não ser informada deverá ser respeitada".

[90] Cf. CLOTET, *Bioética: uma aproximação*, p. 89. Segundo este autor "o consentimento informado é uma condição indispensável da relação médico-paciente e da pesquisa com seres humanos", que, "obtido de forma correta legitima e fundamenta o ato médico ou de pesquisa como justo e eticamente correto " (idem, ibidem, p. 89; 101). Aduz SILVA que o consentimento [informado] compreende três elementos: a capacidade, a voluntariedade e a informação, e deve ser entendido "como um processo gradual que se realiza no seio da relação médico-doente e em virtude do qual o paciente capaz recebe do médico a informação suficiente para participar ativamente na tomada de decisões respeitantes ao diagnóstico e tratamento da doença" (SILVA, *Convenção dos direitos do homem e da biomedicina anotada*, p. 40). Sobre o significado e a justificação do consentimento informado, v. BEAUCHAMP; CHILDRESS, *Princípios de ética biomédica*, op. cit., p. 161-167.

[91] Comitê Nacional de Bioética da Itália (20.06.1992) *apud* CLOTET, op. cit., p. 89

[92] CLOTET, op. cit., p. 97.

capaz),[93] portanto, decidir sobre a realização de qualquer intervenção, podendo aceitá-la, recusá-la ou interrompê-la *se* e *quando* achar conveniente, sob pena de o médico responder penalmente pela sua conduta arbitrária (constrangimento ilegal, art. 146 do CP)[94] caso não respeite tal direito de liberdade, e desde que logicamente aquele não esteja correndo iminente risco de vida, pois nessa situação específica de urgência, além de eticamente correto, será lícito ao médico intervir (CP, art. 146, 3°, I).

3.2. Objetivo, conteúdo e intensidade do dever de informação

A informação desempenha um papel indispensável e relevante dentro da atividade médica (diagnóstica, preventiva ou terapêutica). Problema nuclear relacionado com o dever de esclarecimento do médico prende-se com a determinação do seu conteúdo e dos seus contornos.[95]

Segundo Frisch, o principal objetivo do esclarecimento é assegurar ao paciente a possibilidade de tomar uma decisão (autorizando ou não uma determinada intervenção) e para se alcançar tal desiderato, ele tem de ser informado sobre a *natureza* (e as *razões*)[96] da intervenção,[97] sua *extensão/envergadura* (p. ex. utilização de pro-

[93] Nas palavras de ARÚS (in: Coronel, *Psiquiatria legal: informações científicas para o leigo*, p. 88): "o paciente tem direito de consentir ou recusar procedimentos, investigações diagnósticas ou condutas terapêuticas a serem nele realizadas. Não respeitar a autonomia significa uma violação aos direitos do paciente e uma infração deontológica e jurídica" .

[94] O Código penal português (art. 156) tipifica especificamente as intervenções e tratamentos médico-cirúrgicos arbitrários.

[95] V. FRISCH, W. Consentimento e consentimento presumido nas intervenções médico-cirúrgicas. *RPCC* (2004), p. 77-78. Para KNAUER (in: Roxin; Schroth, *Medizinstrafrecht*, p. 23-24), qualquer contribuição que procure determinar fundamentos para um efetivo diálogo do esclarecimento depara-se com o problema da forma, envergadura e conteúdo, devendo haver um padrão mínimo de esclarecimento médico a respeito da intervenção (*Eingriffsaufklärung*) em si, do seu diagnóstico (*Diagnoseaufklärung*) e da terapia (*Therapieaufklärung*) aplicável no caso concreto.

[96] Segundo FRISCH (op. cit., p. 78-79), "determinante para que alguém possa decidir submeter-se a uma intervenção será também saber que *razões aconselham aquela intervenção*", devendo o paciente ser informado "sobre as razões que militam a favor da intervenção médica, sua urgência, bem como sobre as conseqüências da não realização do tratamento".

[97] As intervenções médicas podem ser diagnósticas, terapêuticas ou experimentais.

cedimentos invasivos, tempo de duração, se o método é simples ou complexo, etc.), *consequências* (p.ex.dores e desconfortos, duração do tempo de restabelecimento, limitações e perdas funcionais, efeitos secundários, etc.), bem como sobre os *riscos* (inerentes e associados/agregados) que a ela estão associados.[98]

Noutras palavras, o médico deve proporcionar informação sobre o estado de saúde do paciente, de sua possível evolução previsível ou prognóstico, e o tratamento ou tratamentos aconselháveis, assim como suas consequências e riscos. Por conseguinte, após realizar a consulta e, eventualmente, solicitar exames complementares, o médico deve informar ao paciente a enfermidade de que este padece, seus sintomas, sua evolução e possíveis alternativas de terapias. Porém, muitas destas informações supõem uma colaboração ativa do paciente em relação ao processo de sua enfermidade e com o seu tratamento (p.ex., parar de fumar), devendo aquele adaptar sua forma de vida a seu estado e/ou colaborar diretamente no tratamento.

Portanto, e tendo em vista que a finalidade terapêutica do ato médico envolve sobretudo o diagnóstico e o tratamento de enfermidades,[99] pode-se dizer que, correspondentemente, há duas modalidades de informação médica a saber: a) informação diagnóstica; b) informação terapêutica. Informação médica diagnóstica é aquela que diz respeito ao estado de saúde do paciente num momento de-

[98] FRISCH, op. cit., p. 78; 81. Alerta este autor que, além do esclarecimento sobre a natureza, envergadura, consequências e riscos da intervenção, para uma decisão correta, o paciente ainda carece da informação sobre o *fim* almejado, as *perspectivas de sucesso* e as *alternativas terapêuticas* envolvidos na intervenção (idem, ibidem, p. 82). Ademais, e com base na jurisprudência (alemã, espanhola e austríaca), BLANCO CORDERO (op. cit., p. 580 e ss.) menciona outras informações que relacionadas ao dever de esclarecimento, tais como: a informação dirigida ao paciente para que ele adote as medidas necessárias para prevenir ou curar sua enfermidade; a informação sobre a incapacidade ou parcial capacidade de conduzir; a informação em caso de negativa do enfermo a submeter-se a uma intervenção diagnóstica ou terapêutica necessária; e a informação em favor de terceiros em casos especiais. Por outro lado, FRISCH (op. cit., p. 85) considera controversas e não clarificadas as questões a respeito da medida do esclarecimento sobre as diferentes possibilidades de tratamento (sua existência, particularidades e valor relativo – vantagens e desvantagens) e sobre os riscos (sua natureza, qualidade e probabilidade) envolvidos na intervenção. Quanto a essas controvérsias, v. também BEAUCHAMP; CHILDRESS, op. cit., p. 168.

[99] Cabe ressalvar, no entanto, que há certas intervenções que não visam diretamente ao tratamento curativo do paciente, como é o caso das experimentações não terapêuticas.

terminado, acompanhada de um prognóstico;[100] enquanto informação médica terapêutica é aquela dirigida a assegurar o tratamento ótimo do paciente, inclusive mediante a colaboração deste.[101]

Por outro lado, em matéria de dever de esclarecimento importa ainda determinar com que intensidade (quantitativa e qualitativa) deve proceder-se no esclarecimento, uma questão cuja resposta depende fundamentalmente das circunstâncias do caso concreto, não podendo avançar-se uma solução generalizada e válida para todas as constelações fáticas.[102]

Antes de tudo, a informação precisa ser clara e acessível, ou seja, deve ser transmitida em termos compreensíveis e adaptar-se ao nível intelectual e cultural do paciente, bem como às suas condições psicológicas, evitando-se na medida do possível o recurso à linguagem técnica, pois esta é indicada somente aos pares (outros médicos). Além disso, em alguns casos, a transmissão da informação não se reduz a um só ato, devendo ser continuada, levando-se em conta a duração, complexidade e os níveis de riscos envolvidos na intervenção.[103] Noutras hipóteses, a informação poderá ser gradual, dependendo da gravidade da doença e do prejuízo que sua transmissão poderá redundar na evolução do quadro clínico do paciente. De qualquer forma, é recomendável que o médico procure ter um conhecimento razoável do paciente para saber qual a melhor maneira de informá-lo e do que este efetivamente deve ser informado para que a comunicação tenha êxito e seja bem compreendida.[104]

---

[100] ROMEO CASABONA, op. cit., p. 144.

[101] Para BLANCO CORDERO (op. cit., p. 577), a informação terapêutica "visa obter do paciente a colaboração necessária para o êxito curativo do tratamento, e preservar-lhe assim dos seus possíveis efeitos lesivos. Trata-se, em definitivo, de instruir o paciente acerca das condutas mais apropriadas às concretas necessidades da terapia". Por outro lado, a doutrina aponta ainda duas classes de informação, que diferem em seus respectivos objetivos: a) a informação como parte do tratamento (informação terapêutica); b) a informação como pressuposto do consentimento (consentimento informado). Nesse sentido, BLANCO CORDERO, (idem, p. 576; 579), que adverte as inúmeras dificuldades de se delimitar na prática a informação terapêutica da informação como pressuposto ou condição do consentimento. No entanto, além das duas referidas classes, ROMEO CASABONA (op. cit., p. 143) menciona uma terceira: a informação como objeto da consulta ou finalidade do ato médico.

[102] FRISCH, op. cit., p. 83.

[103] Nesse sentido, ROMEO CASABONA, op. cit., p. 155-156.

[104] Quanto ao entendimento pelo paciente das informações prestadas pelos médicos, BEAUCHAMP; CHILDRESS (op. cit., p. 180) afirmam: "a experiência clínica e os dados empíricos

Há, ainda alguns critérios dogmáticos que podem ajudar na tarefa de interpretação da adequação da informação: a) o critério do médico razoável; b) o critério da pessoa razoável; e c) o critério subjetivo.

Segundo Silva, "a doutrina e jurisprudência norte-americanas têm utilizado alguns critérios referentes ao tipo e qualidade de informação a transmitir entre os quais podemos salientar o critério do médico razoável (a quantidade de informação que deve receber um determinado paciente deve ser a equivalente a que um 'médico razoável' lhe revelaria nas mesmas circunstâncias), entendendo-se por 'médico razoável' o que atua em consonância com a prática habitual da comunidade científica a que pertence". Outro critério apresentado – continua a autora – é o da "'pessoa razoável', ou seja o que uma hipotética 'pessoa razoável' desejaria conhecer nas mesmas circunstâncias em que se encontra o paciente".[105] Por fim, no critério (ou modelo) subjetivo, a adequação da informação é julgada por referência às necessidades de informação específicas da pessoa individual. Conforme Beauchamp e Childress, "o que se discute é o quanto um modelo deve ser ajustado ao paciente individual ou seja, tornado subjetivo a fim de que uma revelação inclua os fatores particulares da necessidade de informação do paciente de que se poderia esperar, de modo razoável, que o médico tenha conheci-

indicam que o entendimento que os pacientes e os sujeitos de pesquisa têm da informação sobre diagnósticos, procedimentos, riscos e prognósticos apresenta grande variação. Alguns pacientes são calmos, atentos e ávidos por diálogo enquanto outros são nervosos ou distraídos de modo a prejudicar ou bloquear o entendimento. Há muitas condições que limitam o seu entendimento, incluindo a enfermidade, a irracionalidade e a imaturidade".

[105] SILVA, op. cit., p. 41. BEAUCHAMP; CHILDRESS (op. cit., p. 168) denominam estes dois critérios como "modelo da prática profissional" ou "modelo do médico sensato" e "modelo da pessoa sensata", respectivamente. Para estes autores, o primeiro modelo, assumindo que o papel do médico é agir no melhor interesse médico do paciente, sustenta que a revelação adequada é determinada pelas práticas habituais de uma comunidade profissional. O costume de uma profissão estabelece a quantia e os tipos de informação a serem revelados. A revelação, assim como o tratamento, é uma tarefa que cabe aos médicos em virtude do seu conhecimento profissional e de seu compromisso com o bem-estar do paciente. Consequentemente somente um testemunho de especialistas da profissão poderia contar com a evidência de que houve uma violação do direito do paciente à informação. De acordo com o segundo modelo (modelo da pessoa sensata) a pertinência da informação é medida pela importância que uma pessoa sensata atribuiria a ela ao decidir se submeter ou não a um procedimento. A determinação das necessidades de informação realizada passa então do médico ao paciente, e os médicos podem ser considerados culpados por revelações negligentes, mesmo que sua conduta seja conforme à prática profissional reconhecida (cf. idem, ibidem, p. 168-169).

mento". De acordo com o modelo subjetivo – seguem os autores – "o médico é obrigado a revelar as informações que um paciente particular precisa saber desde que exista uma conexão razoável entre essas necessidades e aquilo que o médico deveria saber acerca da posição do paciente".[106]

3.3. Responsabilidade penal do médico por omissão de informação

Se o médico deixar de transmitir ou transmitir insuficientemente a informação necessária, poderá ser responsabilizado penalmente por eventuais danos ocasionados ao paciente decorrentes da sua omissão. Trata-se de um erro profissional no qual o médico, por imprudência, imperícia ou negligência, infringe a *lex artis*, dando lugar aos delitos (culposos)[107] de lesões corporais (CP, art. 129, § 6º) ou de homicídio (CP, art. 121, § 3º).

O ponto central da qualificação jurídica de tais hipóteses é que o médico não tenha devidamente proporcionado a informação adequada/necessária para identificação/precisão do diagnóstico ou para a eficácia do tratamento. Na realidade, se o estado de saúde do paciente piora ou não melhora quando seja possível, a omissão total ou parcial da informação adequada equivalem à omissão do diagnóstico ou tratamento. No entanto, a infração do dever de informação não é suficiente, sendo necessário que na situação concreta exista o vínculo ou a posição de garantia do médico para que a produção do resultado de lesões ou morte do paciente em consequência da omissão de informação (diagnóstica ou terapêutica) seja penalmente relevante. Assim, a violação do dever legal de agir do médico só se dá quando este não evitar o resultado quando devia e podia (CP, art. 13, § 2º). Assim, a existência ou não do dever de informação dependerá sempre das circunstâncias do caso concreto. Como exemplos, podemos citar o caso do paciente que padece de câncer mas não consulta um especialista competente na matéria

[106] BEAUCHAMP; CHILDRESS, op. cit., p. 171.

[107] A hipótese de responsabilidade penal por omissão dolosa, embora mais rara, também não pode ser totalmente descartada. Neste caso, é necessário que o médico queira (direta ou indiretamente) causar o resultado (morte ou lesões).

(oncologista) porque não é informado disso pelo médico, vindo a progredir mais rapidamente a sua enfermidade, ocasionando lesões ou a morte;[108] ou então o médico que, ao observar uma situação de infarto no eletrocardiograma, não informa ao paciente, sobrevindo a morte deste posteriormente.[109]

3.4. Responsabilidade penal do médico por excesso de informação

Cabe agora questionar se o médico pode ser responsabilizado penalmente pelo eventual excesso de informação transmitido ao paciente. Isso pode ocorrer quando seja desaconselhado informar algo em razão do caráter prejudicial para a saúde do paciente, como nos casos em que a informação da gravidade da enfermidade possa causar-lhe uma situação de desespero, estado de *schock* ou uma forte depressão. Tais danos à saúde psíquica do paciente podem configurar o tipo de lesões corporais se o médico não informar adequadamente ao paciente. Por conseguinte, para não violar a *lex artis* o médico não deve informar de forma grosseira e desconsiderada, e além disso as condições psíquicas e emocionais de cada paciente devem ser levadas em consideração pelo médico no momento da comunicação da informação. Desta forma, constitui violação do dever de cuidado a informação (diagnóstica) de uma grave enfermidade (p. ex. câncer, AIDS) a um paciente sensível e transtornado emocionalmente, a quem se pode esperar uma reação de grave depressão ou inclusive de suicídio. No entanto, esta assertiva deve ser relativizada, pois em muitos casos a informação considerada necessária e adequada é inerente à gravidade da enfermidade ou da própria intervenção. Enfim, além das peculiaridades sobre a gravidade da doença, da necessidade e urgência da intervenção, a intensidade do esclarecimento depende também do significado de que certas circunstâncias se revestem para o *modo de vida* e o *projeto de vida* do paciente. Assim – exemplifica Frisch – o risco que uma certa intervenção representa para a tonalidade ou expressividade da voz terá

[108] Exemplo mencionado por SCHMOLLER, Strafrechtliche Folgen einer unterlassenen oder übermässigen ärztlichen Äufklärung, *Imago Hominis* (1996), p. 162 *apud* BLANCO CORDERO, op. cit., p. 590-591.

[109] Exemplo mencionado por CÓRDOBA RODA, *Derecho y Salud* (1996) p. 144.

um peso completamente diferente no processo de ponderação de uma cantora ou de outra pessoa que ganha a vida como trabalhador manual ou como burocrata.[110]

3.5. Exceções (ou limitações) ao dever de informação

Outra questão relevante relativa à informação médica reside em saber se o médico tem sempre o dever de informar o paciente ou existem casos em que ele pode prescindir, total ou parcialmente, de prestar uma determinada informação. Como se viu, via de regra, o médico tem o dever de informar, mas há duas exceções que afastam ou reduzem tal exigência: a renúncia do paciente e o privilégio terapêutico.

3.5.1. Renúncia do paciente

O médico não será responsabilizado penalmente se o paciente renunciar (expressa ou tacitamente) à informação devida. A informação devida é dispensável ao médico em três situações: a) quando o paciente não quer saber (direito a não saber)[111] a informação; b) quando o paciente já dispõe da informação necessária; e c) quando paciente está inconsciente diante de uma urgência médica. Quanto à primeira hipótese, pense-se, por exemplo, na renúncia a uma informação (negativa)[112] relativa ao teste da AIDS ou ao câncer. Já a segunda hipótese (b) pode ocorrer nos casos em que o paciente, ele próprio médico, é já um especialista ou nos casos em que obte-

---

[110] FRISCH, op. cit., p. 84.

[111] Assinala COSTA ANDRADE (op. cit., p. 23;25) que o "terreno 'natural' de emergência e afirmação" do *direito a não saber* está ligado às investigações genéticas e sua descoberta está associada ao fato de a medicina preditiva ter revelado uma capacidade contraposta à medicina *curativa* e à medicina *preventiva*. E a medicina preditiva – continua o autor – traz consigo uma alteração significativa da relação médico-paciente no que respeita ao consentimento e ao esclarecimento numa tríplice direção: em primeiro lugar, na direção de terceiros como barreira ao seu acesso à informação; em segundo lugar, como direito ou exigência do paciente à informação; em terceiro lugar e inversamente, como *defesa e resguardo contra informações indesejáveis e arbitrariamente comunicadas* (idem, ibidem, p. 25-26).

[112] Explica COSTA ANDRADE (op. cit., p. 25) que "o *direito a não saber* vale apenas na direção dos fatos negativos – *v.g.*, doença – que possam onerar de sombras e sofrimento o presente e o futuro do paciente".

ve a informação bastante de outra pessoa, por exemplo, o médico que o encaminhou.[113] Enfim, a terceira hipótese (c) abrange aqueles casos em que "o paciente não se encontra em condições de prestar eficazmente o seu consentimento (máxime, porque se encontra inconsciente) mas a necessidade da intervenção se não compadece com demoras" (urgência médica),[114] decidindo-se pela vontade presumida do paciente (consentimento presumido).[115]

3.5.2. Privilégio terapêutico

Por outro lado, indaga-se também se o médico deve sempre informar tudo ao paciente ou ele pode se abster (total ou parcialmente) disso em certos casos específicos. Noutras palavras, questiona-se: o médico está sempre obrigado a dizer a verdade ao paciente ou em determinadas situações pode deixar de fazê-lo (renunciar à verdade) para o bem do paciente?

Embora haja divergência quanto à sua abrangência e limites, tanto a doutrina como a jurisprudência[116] admitem o chamado privilégio terapêutico.[117]

O privilégio terapêutico emergiu na experiência jurídico-penal recente como uma das possíveis causas de justificação da recusa – ou ao menos da sua redução ou adaptação – do esclarecimento. Uma justificação que radica fundamentalmente na prevalência reconhecida às contraindicações de índole terapêutica que, em concreto, podem desaconselhar (total ou parcial) o esclarecimento do

[113] FRISCH, op. cit., p. 79. Observa este autor que a convicção sobre a existência de conhecimento prévio da informação pelo paciente deve ser cautelosa e não apressada, não havendo renúncia simplesmente porque, por exemplo, o paciente se mostra muito reservado ou na faz qualquer pergunta (idem, ibidem, p. 80).

[114] FIGUEIREDO DIAS, *Direito penal. Parte geral. Tomo I*, p. 490. Vale frisar que a Lei 9.656/98 (art. 35, *d*) diferencia conceitualmente os casos de emergência e urgência médicas. De acordo com a aludida lei, casos de emergência são "os que implicam risco imediato de vida ou de lesões irreparáveis para o paciente"; e casos de urgência são "os resultantes de acidentes pessoais ou de complicações no processo gestacional".

[115] Sobre o consentimento presumido, v. FIGUEIREDO DIAS. *Direito penal*, op. cit., p. 489-493; FRISCH, op. cit., p. 107-115; COSTA ANDRADE, *RPCC* (2004), p. 117 e ss.

[116] V. COSTA ANDRADE, *Direito penal médico*, op. cit., p. 123-126; FRISCH, op. cit., p. 86-87.

[117] Criticamente, todavia, afirma KNAUER (op. cit., p. 12) que, por ser o consentimento informado a base do tratamento, "é o paciente quem deve decidir sobre o tratamento e não o privilégio terapêutico dos médicos".

paciente.[118] Segundo Costa Andrade, "a eficácia justificativa da figura assenta, assim, na ponderação normativa entre as exigências da *salus* e as da *voluntas aegroti* que, em concreto, impõe o recuo ou sacrifício destas últimas. Trata-se, noutros termos, de temperar ou relativizar o dogma da autonomia e autodeterminação pessoais, por concessão ao mandamento hipocrático do *nihil nocere*" sempre que o esclarecimento possa desencadear perturbações drásticas e intoleráveis para a vida ou saúde do paciente e/ou comprometer o sucesso da intervenção.[119]

Assim, o médico não só é responsável pela adequação/exatidão de suas afirmações como também pelos efeitos delas sobre o enfermo, havendo limites objetivos e subjetivos no seu dever de esclarecimento. Nesse sentido, entende-se que o perigo para o êxito curativo, com o consequente prejuízo à saúde e/ou vida do paciente é o limite máximo da informação a ser prestada pelo médico (limite objetivo).[120] No entanto, na fixação de tal limite, a personalidade do paciente, em especial a sua "labilidade psicológica",[121] também desempenha um papel importante (limite subjetivo).

Quanto aos limites objetivos, e dependendo do caso (p.ex.enfermidade grave e/ou incurável), o médico não precisa prestar uma informação (diagnóstica ou terapêutica) completa e detalhada, podendo inclusive ser impreciso e recorrer a fórmulas vagas e genéri-

---

[118] COSTA ANDRADE, *Direito penal médico*, op. cit., p. 121.

[119] Idem, ibidem, aduzindo ainda COSTA ANDRADE (idem, p. 122) que a invocação do privilégio terapêutico começou a ganhar relevo e legitimação face a doenças como o câncer, caracterizadas pelo seu lastro e pelas consequências do seu conhecimento, bem como pela circunstância de a não intervenção desencadear, de forma irremediável e irreversível, a morte.

[120] BLANCO CORDERO, op. cit., p. 595. Para ZIPF (in Mir Puig, *Avances de la medicina y derecho penal*, p. 157): "o dever de informar cessa quando possa causar um schock que prejudique decisivamente a capacidade de defesa física e psíquica do paciente frente à enfermidade, e com isso se vejam diminuídas consideravelmente suas possibilidades de cura". No Código de ética médica brasileiro é vedado ao médico:"deixar de informar ao paciente o diagnóstico, o prognóstico, os riscos e objetivos do tratamento, salvo quando a comunicação direta ao mesmo possa provocar-lhe dano, devendo nesse caso, a comunicação ser feita ao seu responsável legal" (art. 59).

[121] COSTA ANDRADE, *Direito penal médico*, op. cit., p. 121. Pode ocorrer que, mesmo que o médico proporcione uma informação limitada ao paciente, irremediavelmente derivem danos à sua saúde psíquica. Neste caso, conforme bem observa BLANCO CORDERO (op. cit., p. 603), o médico poderia alegar estado de necessidade, decorrente do conflito de deveres entre o dever de informação e o dever de não causar danos ao paciente.

cas, desde que informe o indispensável e se limite exclusivamente àqueles aspectos que permitam garantir o sucesso do tratamento (curativo ou paliativo) do paciente. Em tais situações, portanto, é facultativo ao médico comunicar com muita precisão o diagnóstico e a evolução da enfermidade, assim como as reduzidas esperanças de (sobre) vida, sendo suficiente, por exemplo, que mencione a gravidade da doença ou do quadro ou indique um especialista qualificado, motivando o paciente a procurá-lo.[122] Esta informação é adequada e está de acordo com a posição de garante do médico.

De outra banda, a quantidade de informação depende em grande medida da reação do paciente. Assim, pode acontecer que o paciente não leve a sério a recomendação do médico ou não perceba adequadamente a gravidade de sua enfermidade, entendendo não ser necessário consultar um especialista ou submeter-se a uma determinada terapia. Neste caso, para não ser responsabilizado penalmente por omissão, o médico, de forma gradual,[123] deve prestar informações adicionais sobre a enfermidade para evidenciar a sua gravidade até o momento em que perceber que o paciente restou convencido.

Por conseguinte, em princípio o médico tem o dever de falar a verdade e de informar o paciente da forma mais franca, clara e completa possível, mas há contudo exceções que podem desaconselhá-lo a isso, sobretudo quando o esclarecimento possa pôr em perigo (atual e sério) a vida ou seja suscetível de causar grave dano à saúde (física ou psíquica) do paciente.[124] Porém, não são considerados motivos excepcionais a mera desmoralização, o simples agravamento geral do mal-estar ou da situação emocional do paciente (p.ex, ansiedade, estresse), enquanto ônus inerente e conatural do

[122] Nesse sentido, BLANCO CORDERO, op. cit., p. 597. No entanto, aduz esse autor que resta excluída a responsabilidade penal do médico se for necessário um tratamento adicional mas o próprio médico - por crer que omitindo tal informação o paciente será tratado de forma ótima - resolva tratar o paciente que desconhece a gravidade de sua enfermidade (idem, ibidem, p. 597). Trata-se, a nosso juízo, de uma hipótese de erro de tipo permissivo (art. 20, § 1° do CP).

[123] "Trata-se do que a jurisprudência alemã denomina informação gradual, escalonada, feita passo a passo (*schrittweise Aufklärung* ou *Stufenaufklärung*)", isto é, "a informação que se oferece ao paciente é inicialmente vaga, sem muitas precisões, e se espera a sua reação para decidir se é necessária uma informação adicional para assegurar um tratamento ótimo" (BLANCO CORDERO, op. cit., p. 598).

[124] Aliás, nestes termos é a redação do art. 157 do Código penal português.

esclarecimento. Concluindo, o médico estará legitimado a ocultar (total ou parcialmente) a verdade sobre certas enfermidades cujo conhecimento pelo paciente desencadearia processos de prostração, desânimo e desespero que possam trazer perigo para a vida ou a saúde.[125]

3.6. Considerações finais

Médico e paciente devem comunicar-se e ouvir um ao outro.[126] A comunicação entre o médico e o paciente é fundamental não só para alcançar as finalidades terapêuticas desejadas mas também para se obter uma boa relação médico-paciente. Todavia, o dever de informação é apenas uma parte do processo de comunicação; os médicos e os pacientes precisam interagir nesse processo através do diálogo. Só através do diálogo os desejos dos pacientes estarão à altura das respectivas competências dos médicos, e uma boa relação médico-paciente é sempre a melhor defesa diante de eventuais consequências jurídicas,[127] especialmente as de natureza penal. Como bem lembra Wolfslast: "*Salus* e *voluntas aegroti* na verdade não se opõem, senão se promovem um ao outro".[128]

[125] COSTA ANDRADE, *Direito penal médico*, op. cit., p. 126.

[126] LAUFS *apud* KNAUER, op. cit., p. 11.

[127] KNAUER, op. cit., p. 30.

[128] WOLFSLAST *apud* KNAUER, op. cit., p. 30.

4. Suicídio medicamente assistido e direito penal: comentários sobre o art. 122 do Código Penal

4.1. Comentários gerais

É difícil compreender que a vida perca seu valor para o ser humano, resultando no suicídio. No entanto, são apontados aspectos sociológicos, psicológicos, médicos e culturais para este fenômeno. "Embora não se reconheça ao ser humano a *faculdade* de dispor da própria vida, a ação de matar-se escapa à consideração do direito penal".[129]

Não sendo incriminados o suicídio nem a sua tentativa,[130] a participação em tais atos não deveria igualmente ser punível, pois não há participação punível senão em fato delituoso. Todavia, a maioria das legislações penais modernas, atendendo ao valor excepcional da vida humana, prevê a figura *sui generis* da participação em suicídio.[131] Segundo Fragoso, "a participação no suicídio alheio é fato punível porque constitui participação em ato juridicamente ilícito, tendo-se em vista a importância do interesse relativo à preservação da vida humana, que é objeto da tutela jurídica".[132] E como

[129] BITENCOURT, *Tratado de direito penal* (vol. 2), p. 94.

[130] Na antiguidade e nos tempos medievais o suicídio (consumado ou tentado) era punível, mas como bem lembra PEDROSO (*Homicídio, participação em suicídio, infanticídio e aborto*, p. 201), "pertence aos tempos de antanho a punição do suicida, quer pela privação de sepultura, excomunhão exposição do corpo despido em lugar público, amputação das mãos ou mutilação...".

[131] FRAGOSO, *Lições de direito penal (parte especial* I), p. 105. Em alguns países como Alemanha, Finlândia e Suécia a "participação em suicídio" não está tipificada.

[132] Idem, ibidem, p. 109. Explica ainda Fragoso (idem, p. 109) que o "fato de não ser considerado crime não significa que o suicídio seja indiferente para o direito. Ofende ele interesses

refere Hungria, "a vida de um homem não pertence a ele só, mas também ao agregado social (...). O direito de viver não é um direito *sobre* a vida, mas *à* vida, no sentido de correlativo da obrigação de que os outros homens respeitem a nossa vida".[133]

Expressão originada do latim (*suicidium* = *sui* – a si mesmo –; *caedere* – matar –), entende-se por suicídio "a supressão voluntária e consciente da própria vida";[134] é "a eliminação pelo homem, por suas próprias mãos, de sua vida, realizada de forma voluntária e consciente".[135] "O suicídio é um fim em si mesmo: o suicida mata-se porque não quer viver".[136] Por conseguinte, é indispensável que o suicida seja capaz de entender o ato que pratica, e que a sua vontade de se suicidar seja livre, não viciada de erro ou coação. Assim, se a vítima (suicida) põe fim à própria vida, sendo juridicamente incapaz (inimputável), ou agindo por erro (invencível) ou coação (física ou moral) irresistível, não haverá suicídio nem participação em suicídio, e sim homicídio, configurando-se a autoria mediata.[137]

De outra banda, enquanto o suicídio é realizado pela própria pessoa, o suicídio assistido tem necessariamente a presença de um terceiro, que concorrerá (direta ou indiretamente) para a morte do

morais e demográficos do Estado, somente não sendo punível pela absoluta inutilidade e injustiça da pena, mesmo na forma tentada. O suicídio é fato ilícito (...) tanto assim que a coação exercida para impedi-lo não constitui constrangimento ilegal (CP, art. 146, § 3°, II). Quanto à natureza jurídica do suicídio, além da ilicitude, alude-se ainda as seguintes teses: a) dever jurídico de viver; b) qualidade de não proibido (*unverbotenheit*); espaço livre de regulação jurídica (*Rechtsfreier Raum*); c) direito à morte; d) direito de liberdade. Sobre isso, v. ROSAL BLANCO, *ADCP* (MCMLXXXVII), p. 76 e ss. Para PEDROSO (op. cit., p. 202), "é princípio do direito penal pátrio que ninguém pode ser, ao mesmo tempo, *por conduta própria*, sujeito ativo e passivo de crime", o que se verificaria na tentativa de suicídio.

[133] HUNGRIA, *Comentários ao código penal* (vol. V), p. 217-218. Do nascimento até a sua morte o ser humano tem assegurado o direito à vida. Isso independe da eventual qualidade que esta vida possa apresentar, pois mesmo as pessoas consideradas juridicamente incapazes ou desprovidas de consciência (menores, doentes e deficientes mentais, inválidos, etc.) possuem tal direito, conforme previsto na Constituição Federal (art. 5° *caput*). Aliás, e reforçando a compreensão desta norma constitucional, o código penal também garante proteção à vida logo no capítulo de abertura da parte especial, o que demonstra de plano a importância concedida ao bem jurídico "vida humana" pelo legislador em relação aos demais bens jurídicos tutelados pelo ordenamento jurídico-penal brasileiro.

[134] FRAGOSO, op. cit., p. 106.

[135] FIGUEIREDO, *Da participação em suicídio*, p. 45.

[136] HUNGRIA, op. cit., p. 222.

[137] Nesse sentido, FIGUEIREDO, op. cit., p. 46; FRAGOSO, op. cit., p. 109.

suicida. No caso do suicídio medicamente assistido[138] este terceiro é o médico, que concorre ativa ou passivamente para o suicídio alheio do paciente. Portanto, a assistência médica ao suicídio pode ser ativa (ou comissiva) ou passiva (ou omissiva).

No Brasil, o suicídio medicamente assistido (comissivo e omissivo) é tipificado e punível nos termos do art. 122 do CP, ocorrendo mediante três formas, a saber: a) instigação; b) induzimento; e c) auxílio. Diz-se que enquanto o induzimento e a instigação são espécies de "contribuição moral", o auxílio representa uma "contribuição material" do sujeito ativo.

> *Induzir* e *instigar* constituem modalidades de *participação moral* no suicídio, posto representem condutas que se realizam na *esfera psicológica e intelectiva* da vítima, por obra da persuasão e sugestão (...) Na ação de *induzir*, o agente incute, faz germinar, nascer e surgir no espírito e ânimo do sujeito passivo a deliberação suicida (...) Pela instigação, aproveita-se o agente de resolução já concebida pela vítima, dando-lhe então, pela sugestão, novo alento e impulso, açulando, robustecendo, revigorando ou acoroçoando um propósito já existente e estabelecido, emprestando-lhe novo estímulo e ânimo.[139]

Desta forma, o médico responderá por indução ao suicídio no "caso do doente terminal que, convencido por outrem a abreviar seu sofrimento, resolve pôr termo à sua vida, em razão da gravidade da doença"; e por instigação ao suicídio "se o doente desenganado hesita entre retirar a própria vida e enfrentar a moléstia e o agente [médico] o estimula a optar pela primeira alternativa".[140] Frise-se ainda que, quanto ao meio utilizado, o induzimento e a instigação podem ser praticados ardilosamente através da persuasão, conselho, dissuasão, sugestão, etc. "Os conselhos, as exortações, a representação falsa, exagerada ou tendenciosa de males ou perigos, a persuasão e, inclusive a dissuasão aparente, com argumentos des-

---

[138] Embora não tenha muita tradição na doutrina jurídico-penal, o "suicídio medicamente assistido" (*physician-assisted suicide*) é um conceito consagrado na doutrina bioeticista. Como exemplo, v. BROCK, in: VEATCH, *Medical ethics*, p. 381; idem, in: POST, *Encyclopedia of bioethics* (vol. 3), p. 1.419 ; MEISEL, in: POST, *Encyclopedia of bioethics* (vol.4), p. 2.393; BEAUCHAMP; VEATCH, *Ethical issues in death and dying*, p. 151.

[139] PEDROSO, op. cit., p. 203-204.

[140] PRADO, *Curso de direito penal brasileiro* (vol.2), p. 84. COSTA JÚNIOR (*Comentários ao código penal*, vol. 2, p. 23) ainda refere um exemplo de instigação omissiva: "figure-se o caso de alguém que comunique a outrem [médico], que sobre ele dispõe de grande influência, estar propenso a dar cabo de sua vida. O terceiro não exercita sua persuasiva para dissuadir o companheiro da ideia macabra, como lhe impunha fazer. Logo, *non fecit quod defetur*, mantendo-se calado e passivo. Sua conduta omissiva poderia em tese incriminá-lo".

tinados a criar a decisão suicida"[141] podem configurar o crime. Como ilustração de induzimento insidioso ou ardiloso, Pedroso fornece os seguintes exemplos referentes a médicos: "(...) o médico, sabendo ser seu paciente hipocondríaco, temeroso da dor, querendo-lhe a morte para ficar com a esposa dele, sua amante, dá-lhe a notícia falsa de grave moléstia, de evolução martirizante e desfecho letal, com o que leva seu cliente à eliminação da própria vida. Ou: sabendo o sujeito ativo [médico] ser sua vítima pessoa altamente influenciável e que passa por sérias dificuldades, deixa-lhe ardilosamente, à cabeceira da cama [leito], livro que faz apologia do suicídio, levando a vítima a suicidar-se".[142]

Por outro lado, não obstante parte da doutrina não admita o "auxilio omissivo",[143] o auxílio ao suicídio por omissão é perfeitamente possível se presente o dever jurídico de impedir o resultado[144] (suicídio) – dever de garantia – que cabe aos garantidores/garantes (CP, art. 13, § 2º, *a*, *b*, *c*), aplicável ao caso dos médicos. Porém, para a configuração jurídica da participação em suicídio mediante auxílio, será preciso "que o agente atue como mero coadjuvante na morte alheia, atuando subsidiariamente em sua execução, nos seus atos meramente preparatórios".[145] Assim, por exemplo, responderá pelo art. 122 do CP (auxílio ao suicídio) o médico psiquiatra que, percebendo o desespero do doente e seu propósito de suicídio, não lhe toma a arma ofensiva de que está munido e com quem vem a se matar.[146] "Há auxílio ao suicídio quando o agente presta à vítima ajuda material para que se mate, seja com o fornecimento dos meios (sempre com conhecimento de causa), seja facilitando de outro modo a execução ou, ainda, impedindo o socorro".[147] Entretanto, a posição de garantidor não existe ou desaparece a partir do momento em que o suicida recusa a ajuda para impedir o ato suicida ou

---

[141] FRAGOSO, op. cit., p. 111.

[142] Idem, ibidem, p. 205.

[143] Entre outros, v. DELMANTO *et al.*, *Código penal comentado*, p. 369; FIGUEIREDO, op. cit., 57. Aliás, para este último, o induzimento, a instigação e o auxílio são sempre comissivos (idem, ibidem).

[144] De acordo com essa orientação, v., entre outros, HUNGRIA, op. cit., p. 223; BITENCOURT, op. cit., p. 102; PEDROSO, op. cit., p. 209-210.

[145] PEDROSO, op. cit., p. 206.

[146] Exemplo dado por HUNGRIA (op. cit., p. 223), com alteração de "enfermeiro" por "médico".

[147] FRAGOSO, op. cit., p. 112.

manifesta sua vontade nesse sentido,[148] desde que esta decisão de suicídio seja séria e tomada de modo livre e responsável. De outra banda, a inexistência de um tal dever jurídico de impedir o resultado pode ainda conduzir ao crime de omissão de socorro (CP, art. 135). Enfim, "se o suicida se arrepende e alguém vem em seu socorro, aquele que comissiva e dolosamente impede essa intervenção salvadora atua como homicida".[149]

4.2. Comentários dogmáticos

4.2.1. Art. 122 do Código Penal (induzimento, instigação ou auxílio a suicídio)

Art. 122. Induzir ou instigar alguém a suicidar-se ou prestar-lhe auxílio para que o faça:
Pena – reclusão, de 2 (dois) a 6 (anos) anos, se o suicídio se consuma; ou reclusão, de 1 (um) a 3 (três) anos, se da tentativa de suicídio resulta lesão corporal de natureza grave.
Parágrafo único. A pena é duplicada:
I – se o crime é praticado por motivo egoístico;
II – se a vítima é menor e tem diminuída, por qualquer causa, a capacidade de resistência

4.2.1.1. Tipo objetivo

Bem jurídico: a vida humana (independente).

Sujeito ativo: qualquer pessoa (física), independentemente de qualquer qualidade ou condição pessoal. É crime comum. Ademais, não obstante se trate de "participação em suicídio", essa infração penal admite tanto a *coautoria* quanto a *participação em sentido estrito*.[150]

[148] PRADO, op. cit., p. 86

[149] PEDROSO, op. cit., p. 207.

[150] Como bem esclarece BITENCOURT (op. cit., p. 94) não se trata de *participação* – no sentido de atividade acessória, secundária, como ocorre no instituto da participação *stricto sensu* –, mas de atividade principal, nuclear típica, representando a conduta proibida (...) por isso, quem realizar qualquer dessas ações, em relação ao sujeito passivo, não será *partícipe*, mas autor do crime de concorrer para o suicídio alheio".

Sujeito passivo: a pessoa e a coletividade.[151]

Conduta: as condutas incriminadas podem ser comissivas ou omissivas. Induzir é incitar, fazer brotar, nascer "na mente, no espírito e ânimo da vítima, a ideia, o desejo do suicídio";[152] instigar é estimular, revigorar, açular ideia ou propósito já existentes; e auxiliar é ajudar, facilitar. O crime de participação em suicídio pertence ao grupo de delitos de conteúdo variado (*Mischtatbestand*), também conhecidos como crimes de ação múltipla alternativa, apresentando mais de um comportamento incriminado. Nestes casos, o agente responde apenas por um delito, ainda que tenha realizado as várias condutas descritas no tipo, sem prejuízo delas serem consideradas na aplicação judicial da pena.[153] Noutras palavras, ainda que o médico pratique, cumulativamente, todas as condutas típicas, em relação à mesma vítima, praticará um só crime.

Objeto material: a(s) pessoa(s) suicida(s). Pode ser uma pessoa determinada, várias pessoas determinadas, ou ainda um "grupo identificável por uma característica comum de todos seus integrantes", como é o caso de certos líderes espirituais que levam os seus seguidores, movidos e influenciados pelo fanatismo, ao cometimento do suicídio em massa. Desta forma, o crime previsto no art. 122 do CP pode ter um objeto material individual ou coletivo. Por outro lado, não se configura o crime em tela quando visa a um número indeterminado de pessoas (*incertam personam*) como, por exemplo, na chamada *sugestão literária do suicídio*, "com a publicação de uma obra literária recomendando o suicídio, ainda que leve a esse desiderato um sem-número de pessoas".[154]

Elementos normativos: *Suicídio* é elemento normativo extrajurídico do tipo.

Norma penal em branco: inexiste.

Consumação e tentativa: Trata-se de crime material, que exige resultado naturalístico, consumando-se com a morte da vítima (sui-

---

151 A vida humana (independente) é um bem jurídico individual indisponível, cujos portadores ou titulares são o indivíduo e a coletividade, tratando-se, portanto, de um bem jurídico difuso.

152 FIGUEIREDO, op. cit., p. 47.

153 Idem, ibidem, p. 53; FRAGOSO, op. cit. p. 110. Para este autor (idem, ibidem, p. 112), todavia, "por seu caráter secundário, o auxílio é menos grave do que a instigação e o induzimento".

154 BITENCOURT, op. cit.,p. 99.

cídio). A produção de lesões corporais graves não consuma o crime em tela, mas configura a tentativa, sendo admissível, portanto, a tentativa de participação em suicídio.[155] Tais eventos (morte e lesão corporal grave) integram o tipo, são elementos do tipo (resultado naturalístico), e não condições objetivas de punibilidade.[156]

Resultado jurídico: crime de dano, se o suicídio se consuma; ou crime de perigo concreto, se da tentativa de suicídio resulta lesão corporal de natureza grave.

4.2.1.2. *Tipo subjetivo*

Dolo: representado pela vontade e consciência de realizar o tipo objetivo.[157] O dolo pode ser direto ou eventual.

Elemento subjetivo especial: *motivo egoístico* (art. 122, parágrafo único, I) é motivo de agir, modalidade de elemento subjetivo do tipo. Trata-se do fim ou propósito de "obter vantagem pessoal"[158] ou "a satisfação de interesse próprio (material ou moral) – como, por exemplo, para receber seguro ou herança, eliminar adversário ou concorrente, satisfazer sentimento de inveja, ódio ou vingança".[159] Ressalte-se, porém, que não é necessária a ocorrência do motivo egoístico para a consumação do crime.

4.2.1.3. *Modalidade culposa*

Inexiste previsão típica da modalidade culposa. Tampouco o agente (médico) responderá por homicídio culposo se, a título de ilustração, fornecer substância letal a suicida,[160] ou se, "embora sou-

[155] Nesse sentido, desenvolvidamente, BITENCOURT (op. cit., p. 104-108). Em sentido contrário, entendendo que a tentativa é inadmissível, embora a participação em suicídio seja crime material, FIGUEIREDO, op. cit., p. 70; FRAGOSO, op. cit., p. 113; PEDROSO, op. cit., p. 217.

[156] Nesse sentido, FRAGOSO, op. cit., p. 113.; PEDROSO, op. cit., p. 217.; BITENCOURT, op. cit., p. 97-98..Em sentido contrário, v., por todos, PRADO, op. cit., p. 87.

[157] "O sujeito ativo [médico] precisa ter consciência e vontade de participar na auto-execução e no resultado dessa ação" (BITENCOURT, op. cit., p. 101).

[158] DELMANTO *et al.*, op. cit., p. 369; PRADO, op. cit., p. 88; FRAGOSO, op. cit., p. 117; HUNGRIA, op. cit., p. 228.

[159] PRADO, op. ci.t., p. 88.

[160] Todavia, alguns autores entendem cabível a tipificação por homicídio culposo (CP, 121, § 3º), v., entre outros, OLIVEIRA, O delito de matar, p. 171 *apud* FIGUEIREDO, op. cit., p. 77.

besse da acentuada propensão ao suicídio da paciente e houvesse esta tentado no consultório, momentos antes, no decorrer da terapia, saltar pela janela aberta do prédio, negligentemente deixa, por incúria ou comodismo, de fechar essa janela",[161] vindo a paciente a morrer posteriormente ao projetar-se pela janela aberta, tratando-se de condutas atípicas.

4.2.1.4. *Qualificadoras e causas de aumento de pena*

Há duas causas de aumento, uma relacionada a um motivo de agir/ânimo (art. 122, parágrafo único, I) e outra à vítima (art. 122, parágrafo único, II) que, se incidirem, duplicam a pena. Quanto à vítima, é aumentada a pena se esta for menor de 18 anos (CP, art. 27),[162] ou com capacidade de resistência reduzida (*v.g.*, vítima doente, senil, sob efeito do álcool ou substâncias análogas, induzida em erro evitável, coação resistível, tetraplégica, etc.).[163] Vale lembrar que se houver ausência absoluta da capacidade de resistência, em virtude de inimputabilidade, erro ou coação, o crime será de homicídio, e não de participação em suicídio.

4.2.1.5. *Pena e questões processuais*

A pena do crime de induzimento, instigação ou auxílio a suicídio, cominada isoladamente, é de reclusão, de dois a seis anos, se o suicídio se consuma; ou reclusão, de um a três anos, se da tentativa de suicídio resulta lesão corporal de natureza grave. Se o crime for praticado por motivo egoístico ou se a vítima é menor e tem diminuída, por qualquer causa, a capacidade de resistência, a pena será duplicada.

A ação penal é pública incondicionada, cabendo ao Tribunal do Júri a competência para processo e julgamento por se tratar de crime doloso contra a vida (CF, art. 5º, XXXVIII, *d*; e CPP, art. 74, § 1º). Enfim, "se da tentativa de suicídio resulta lesão corporal de natureza grave, admite-se a suspensão condicional do processo (Lei

---

[161] PEDROSO, op. ci.t, p. 221.

[162] Para BITENCOURT (op. cit., p. 109), "a majorante *sub examen* só é aplicável a menor com idade entre quatorze e dezoito anos".

[163] V. PRADO, op. cit., p. 88-89.

9.099/95, art. 89), ressalvada a hipótese de violência doméstica contra a mulher (Lei 11.340/06, art. 41)".[164]

4.3. Auxílio ao suicídio e homicídio (eutanásico)

4.3.1. Distinção jurídico-penal

A distinção fundamental entre auxílio ao suicídio e homicídio reside na prática dos atos executórios; quando estes são realizados pela própria vítima (suicida), mas com uma contribuição indireta de um terceiro (induzimento, instigação ou auxílio), perfaz-se o crime do art. 122; porém, se o terceiro (médico) realiza os atos de execução, contribuindo diretamente para a morte do paciente (suicida ou não) resta caracterizado o delito de homicídio,[165] mesmo que conte com o consentimento da vítima.[166] Como acentua Jakobs, a diferença valorativa entre participação em suicídio [auxílio ao suicídio] e homicídio "não depende da sempre relativa razoabilidade dos fatos, mas unicamente do modo de realização exterior – de própria mão ou por meio da mão de terceiro (ou em divisão de tarefas)".[167] Noutros termos, "para a caracterização do suicídio [medicamente assistido] no âmbito jurídico-penal, não basta que a vítima [suicida] realize sua conduta de forma voluntária e consciente; é imprescindível que a realize por suas próprias mãos", embora com a assistência do médico.[168] O auxílio ao suicídio só será possível na medida em que seja a vítima quem tenha a última decisão sobre a causação da morte, isto é, morra por causa de sua própria disposição e não por disposição alheia;[169] "o que interessa é quem possui o domínio sobre o último e irrevogável ato que leve à morte".[170]

---

[164] PRADO, op. cit., p. 89.

[165] Idem, ibidem, p. 84, nota 14.

[166] Neste caso, o consentimento do ofendido (paciente) será ineficaz porque o bem jurídico vida (independente) é indisponível.

[167] JAKOBS, *Suicídio, eutanásia e direito penal*, p. 19;21.

[168] FIGUEIREDO, op. cit., p. 87.

[169] ESER, *Derecho penal, medicina y genética*, p. 40-41

[170] ROXIN, *RBCCRIM* (2000), p. 30.

Assim, o auxílio ao suicídio deve ser sempre atividade secundária ou acessória, não participando o agente de qualquer ato de execução ou consumação da morte, pois nesse caso praticaria o crime de homicídio;[171] "se há *cooperação* direta no ato executivo do suicídio, o crime passa a ser o de *homicídio*".[172] O médico limita-se então a cooperar indiretamente, não tomando parte nem da execução nem do domínio do fato, pois é o próprio paciente quem se autoexecuta. "O auxílio pode ocorrer desde a *fase da preparação* até a *fase executória* do crime, ou seja, pode ocorrer antes ou durante o suicídio, desde que não haja intervenção nos atos executórios";[173] é necessário "que os atos executivos sejam praticados pelo próprio suicida, e por ele só. A cooperação [direta] de outrem no momento da consumação transforma o fato em homicídio, sob a responsabilidade daquele que intervém".[174] Por sua vez, este homicídio poderá ser considerado eutanásia.

4.3.2. Eutanásia: conceito e modalidades

A apreciação da eutanásia[175] é um dos mais complicados problemas do direito penal.[176] "A complexidade que reveste o tratamento jurídico-penal da eutanásia arranca das importantes conotações humanas e sociais, ideológicas e éticas que implica, o que suscitou e continua suscitando muitas polêmicas sem que se tenha chegado a conclusões definitivas nem tão sequer para uma maioria significativa".[177]

Por eutanásia entende-se a ajuda que é prestada a uma pessoa gravemente doente no intuito de lhe possibilitar uma morte

---

[171] FRAGOSO, op. cit., 112..

[172] HUNGRIA, op. cit., p. 222.

[173] BITENCOURT, op. cit., p. 101.

[174] PEDROSO, op. cit., p. 206.

[175] Segundo a literatura, a origem semântica do termo *eutanásia* está relacionada com a obra *Historia Vitae et Mortis* (Francis Bacon, 1623) e o neologismo quer significar "boa morte" (do grego *eu* – bem/bom – + *thanatos* – morte), ou seja: morte suave, sem dor nem sofrimento. Cf. ROMEO CASABONA, *El derecho y la bioética ante los límites de la vida humana*, p. 420, nota 2; idem, *Los delitos contra la vida y la integridad personal y los relativos a las manipulaciones genéticas*, p. 121, nota 1.

[176] ROXIN, op. cit., p. 11.

[177] ROMEO CASABONA, *El derecho y la bioética ante los límites de la vida humana*, p. 419.

condizente à dignidade humana.[178] Ademais, essa ajuda precisa ser solicitada expressamente (consentimento expresso) ou tacitamente (consentimento presumido) pelo paciente ou por seu representante legal.[179] Romeo Casabona define eutanásia como "a privação da vida de outra pessoa realizada por razões humanitárias, a requerimento do interessado [paciente], que sofre uma enfermidade terminal incurável ou uma situação de invalidez irreversível no estado atual da ciência médica e deseja por fim a seus sofrimentos".[180]

De acordo com o *modo de execução* perpetrado, a eutanásia pode ser *ativa* (mediante ação/comissão) ou *passiva* (mediante omissão).[181] Já quanto à *intencionalidade* do agente, a eutanásia pode ser *direta, indireta*[182] e *pura*. A direta busca abreviar a vida do paciente mediante atos positivos (ajuda *a* morrer) para acabar com seu sofrimento, havendo, portanto a finalidade direta de atingir o resultado morte; enquanto "fala-se de eutanásia indireta quando são praticadas medidas lenitivas sobre o moribundo, apesar delas poderem antecipar a ocorrência da morte do paciente".[183] Esta modalidade de eutanásia tem um duplo efeito: aliviar o sofrimento do paciente, abreviando ao mesmo tempo sua vida, sendo este no entanto um efeito secundário derivado daquele objetivo principal.[184] Dentro deste grupo

---

[178] Cf. ROXIN, op. cit., p. 10.

[179] Quanto à forma e capacidade jurídica de consentir do paciente, a doutrina bioeticista costuma ainda classificar a eutanásia em três espécies: a) eutanásia voluntária (eutanásia realizada numa pessoa juridicamente capaz); b) eutanásia não voluntária (eutanásia realizada numa pessoa juridicamente incapaz); e c) eutanásia involuntária (eutanásia realizada sem o consentimento de uma pessoa juridicamente capaz). Cf. BEAUCHAMP; VEATCH, *Ethical issues in death and dying*, p. 152.

[180] ROMEO CASABONA, *El derecho y la bioética ante los límites de la vida humana*, p. 424; idem, *Los delitos contra la vida y la integridad personal y los relativos a las manipulaciones genéticas*, p. 121. Contudo, percebe-se que este conceito inclui o chamado "estado vegetativo persistente", que para o autor é um exemplo de "expansão das hipóteses convencionalmente aceitas sobre a eutanásia" (idem, *El derecho y la bioética ante los límites de la vida humana*, p. 420-421).

[181] Na doutrina bioeticista a distinção entre eutanásia ativa e passiva é geralmente identificada com a respectiva distinção entre "matar" (*killing*) e "deixar morrer" (*letting die*), cf. BEAUCHAMP; VEATCH, *Ethical issues in death and dying*, p. 152.

[182] Tanto a eutanásia direta como a indireta estão relacionadas com a eutanásia ativa, constituindo-se em derivações desta. Por outro lado, a eutanásia pura pode ser ativa ou passiva.

[183] ROXIN, op. cit., p13.

[184] ROMEO CASABONA, *El derecho y la bioética ante los límites de la vida humana*, p. 421; idem, *Los delitos contra la vida y la integridad personal y los relativos a las manipulaciones genéticas*, p. 122. Sobre a eutanásia indireta, explica JAKOBS (op. cit., p. 35): "ainda que as medidas

(relativo à intencionalidade), pode-se ainda incluir a eutanásia pura ou genuína, que consiste na ajuda a bem morrer (ajuda *no* morrer) a fim de mitigar o sofrimento físico ou moral insuportável do enfermo terminal que padece de doença grave e irreversível, utilizando fármacos e outros meios paliativos e morais que não possuam efeitos de diminuir-lhe o tempo de vida.[185]

Por fim, e para que a eutanásia seja propriamente assim designada, a *motivação* da conduta do agente deve ser conduzida por fins humanitários, baseados no sentimento de piedade e compaixão pelo particular estado que se encontra a vítima (paciente), além do que a "manifestação da *vontade de morrer* por parte da pessoa que será submetida à eutanásia constitui outro componente de máxima relevância para sua qualificação jurídico-penal".[186]

4.3.3. Eutanásia penalmente relevante (proibida) e eutanásia penalmente irrelevante (permitida)

Tendo em vista o conceito e as modalidades de eutanásia mencionados acima, a valoração jurídico-penal pode ser sintetizada basicamente em dois grupos, que se diferenciam no que se refere à punibilidade: a) eutanásia proibida; b) eutanásia permitida.

Insere-se no primeiro grupo (eutanásia proibida), a eutanásia ativa-direta,[187] sendo que esta será tipificada no art. 121, § 1°, do CP brasileiro, correspondente à figura do homicídio privilegiado,[188]

---

analgésicas ou, por outra parte, de urgência, nas enfermidades graves, possam levar a uma aceleração da morte e, inclusive, a assegurem parcialmente, tais medidas são tidas, do ponto de vista legal, e, diga-se de passagem, também do ponto de vista teológico moral – o que se fundamenta pela teoria do duplo efeito –, como permitidas, sempre que o tempo de vida sacrificado guarde uma relação razoável com a qualidade do resto de vida (...) A morte neste caso não é mais que uma consequência acessória de fazer suportável uma vida próxima do seu fim".

185 ROMEO CASABONA, *El derecho y la bioética ante los límites de la vida humana*, p. 421; idem, *Los delitos contra la vida y la integridad personal y los relativos a las manipulaciones genéticas*, p. 122; ROXIN, op. cit., p. 12.

186 Idem, *Los delitos contra la vida y la integridad personal y los relativos a las manipulaciones genéticas*, p. 123

187 Todavia, sugerindo uma delimitação entre a eutanásia direta "permitida" e eutanásia direta "proibida", JAKOBS, op. cit., passim, e esp. p. 5; 46-47.

188 Não há, portanto, na legislação brasileira, um tipo específico de eutanásia, embora o Anteprojeto de Reforma da Parte Especial do CP brasileiro de 1998 preveja isso. Diversamente,

por adequar-se ao "motivo de relevante valor moral".[189] Vale frisar ainda que qualquer diminuição da vida por menor que seja, já constitui uma conduta de homicídio não interessando, portanto, que o paciente seja terminal ou que esteja à beira da morte.[190]

Por outro lado, enquadram-se no segundo grupo (eutanásia permitida) a eutanásia passiva, a eutanásia ativa-indireta e a eutanásia pura.

Fala-se em eutanásia passiva quando há omissão em prolongar a vida de outrem que se aproxima do seu fim; a morte da vítima (paciente) se dá por abstenção da atividade médica pertinente na situação concreta.[191] Na eutanásia passiva, a omissão médica de deixar morrer o paciente pode ocorrer mediante três formas: a) renúncia ao tratamento; b) interrupção do tratamento[192] e c) limitação do tratamento.

---

no direito penal alemão há a conhecida figura do "homicídio a pedido" (StGB, § 216) que se aplica à eutanásia.

[189] Vale lembrar que a Exposição de Motivos (item 39) entende por "motivo de relevante valor social ou moral" aquele que, em si mesmo, é aprovado pela moral prática, como, por exemplo, a compaixão ante o irremediável sofrimento da vítima (*v.g.* homicídio eutanásico).

[190] A propósito, o Código de ética médica brasileiro estabelece que é vedado ao médico "utilizar, em qualquer caso, meios destinados a abreviar a vida do paciente, ainda que a pedido deste ou de seu representante legal" (CFM, Resolução 1.246/88, art. 66).

[191] Para JAKOBS (op. cit., p. 37), "a caracterização como eutanásia passiva tem a seguinte razão de ser: a enfermidade, como constelação corporal, é parte da corporalidade do moribundo e se realiza sem intervenção exterior; (...) se deixa a enfermidade seguir seu curso".

[192] Embora haja divergência doutrinária quanto à natureza da conduta (comissiva ou omissiva) de desligar os aparelhos que mantêm o paciente terminal vivo, concordamos com a posição que a considera uma conduta omissiva, tendo em vista que a interrupção do tratamento é uma conduta mais ampla que abrange o ato comissivo de pressionar o botão de desligar os aparelhos. De forma didática, sobre a questão da interrupção técnica do tratamento como omissão, explica ROXIN (op. cit., p. 20): "Pressionar o botão de desligar é uma ação. Porém, não se trata aqui de uma eutanásia ativa, em princípio punível como homicídio (...), pois o fato, em seu significado social, representa uma suspensão do tratamento, portanto, uma omissão de ulteriores atividades. O limite entre a eutanásia ativa, punível, e a passiva, impunível, não deve ser traçado de modo naturalista, levando em conta somente a prática ou não de um movimento corpóreo. Interessa, isso sim, se, do ponto de vista normativo, a ação deve ser entendida como uma suspensão do tratamento. Neste caso, haverá, em sentido jurídico, uma omissão, impunível se condizente com a vontade do adoentado". Assim também Arthur KAUFMANN (in Mir Puig, *Avances de la medicina y derecho penal*, p. 52): "a desconexão de um reanimador por um médico ou pessoa autorizada deve considerar-se também como omissão de prossecução do tratamento e não como homicídio ativo".

Como se sabe, o médico é garantidor da vida (e saúde) do paciente (CP, art. 13, § 2º, *b*), mas se a conduta negativa do médico tiver origem no consentimento do paciente, exclui-se o seu vínculo de garantidor. Com efeito, o médico não responderá por homicídio (eutanásico) quando o próprio paciente recusa o tratamento ou aceita a interrupção ou limitação do tratamento, pois inexiste dever de garantia nestes casos, já que a proteção da vida não pode ser feita contra a vontade do interessado (paciente),[193] sobretudo quando se trata de fase terminal, de enfermidades graves e incuráveis e quando não existem mais perspectivas de melhora.

O Conselho da Europa, "convencido de que o que os enfermos terminais querem é, principalmente, morrer em paz e dignidade, com o apoio e a companhia, se possível, de seus familiares e do pessoal sanitário que os trata";[194] convencido de que "prolongar a vida não deve ser, em si mesmo, o fim exclusivo da prática médica, que deve preocupar-se igualmente com o alívio do sofrimento",[195] recomenda que o direito dos enfermos terminais a cuidados paliativos integrais e à autodeterminação sejam devidamente protegidos, garantindo-se que nenhum paciente seja tratado contra sua vontade e respeitando-se a sua recusa a certos tratamentos.[196] Seguindo essa orientação, é a posição do Conselho Federal de Medicina: "na fase terminal de enfermidades graves e incuráveis é permitido ao médico limitar ou suspender procedimentos e tratamentos que prolonguem a vida do doente, garantindo-lhe os cuidados necessários para aliviar os sintomas que levam ao sofrimento, na perspectiva de uma assistência integral, respeitada a vontade do paciente ou de seu representante legal".[197] Segundo Romeo Casabona, "é indiscutível o direito do paciente a decidir de forma geral sobre seu próprio

---

193 Nesse sentido, ROXIN, op. cit., p. 18; ROMEO CASABONA, *Los delitos contra la vida y la integridad personal y los relativos a la manipulación genética*, p. 142. Para ROXIN (op. cit., p. 19), "a vontade do paciente é decisiva, mesmo nos casos em que um juízo objetivo a considere errônea, ou que seja irresponsável aos olhos de muitos observadores".

194 CONSELHO DA EUROPA, *Resolução* 613 (1976), n. 2.

195 CONSELHO DA EUROPA, *Recomendação* 779 (1976), n. 6.

196 CONSELHO DA EUROPA, *Recomendação* 1.418 (1999), A; B, XIV, XV. Além de direito dos enfermos terminais e moribundos os cuidados paliativos são um objetivo importante da medicina e integram indiretamente o tratamento médico. Nesse sentido, CONSELHO DA EUROPA, idem, A, X, XI.

197 CFM, *Resolução* 1.805/06. Cabe observar, todavia, que esta resolução está suspensa por decisão liminar nos autos da Ação Civil Pública 2007.34.00.014809-3 da 14ª Vara Federal.

tratamento como âmbito de sua própria liberdade (...) se pode afirmar que o paciente adulto e mentalmente são tem, em princípio, a liberdade de negar-se a todo tratamento, consequente de uma decisão informada, séria e responsável, mesmo que ao recusá-lo ponha em perigo sua vida até o ponto de sobrevir-lhe a morte. Se trata, por conseguinte, não do direito do médico a interromper o tratamento, senão o do paciente a que este [tratamento] não continue".[198]

Assim, o direito de liberdade do paciente deve ser sempre observado pelo médico, não obstante ser impunível o constrangimento decorrente de "intervenção médica ou cirúrgica, sem o consentimento do paciente ou de seu representante legal, se justificada por iminente perigo de vida" e se praticado "para impedir suicídio" (CP, art. 146, § 3°, I, II), pois neste caso "o médico não teria a obrigação de tratar o paciente, já que cessaria sua posição de garante, salvo nas situações de urgência[199] e/ou emergência em que o paciente não pode manifestar sua vontade e nas medidas paliativas que sejam indicadas e foram admitidas pelo interessado"[200] (paciente). Como consequência desta conclusão tem-se que o médico que respeita a decisão do paciente não incorrerá em responsabilidade penal,[201] já que "não se pode falar, em termos jurídico-penais, de um dever de tratar (medicamente) sem atender à vontade do paciente".[202]

Agora, no caso inverso, isto é, na omissão médica de medidas mantenedoras da vida contra a vontade do paciente[203] – ainda que não seja possível obter a cura mas somente um prolongamento da vida –, haverá um homicídio por omissão se a inatividade tiver provocado ou adiantado a sua morte, existindo um dever jurídico do

---

[198] ROMEO CASABONA, *El derecho y la bioética ante los límites de la vida humana*, p. 439. O Código de ética médica brasileiro estabelece que é vedado ao médico "desrespeitar o direito do paciente de decidir livremente sobre a execução de práticas diagnósticas ou terapêuticas, salvo em caso de iminente perigo de vida"(CFM, Resolução 1.246/88, art. 56).

[199] Nesse sentido, CONSELHO DA EUROPA (*Convenção dos direitos humanos e da biomedicina*, 1996), que estabelece: "Quando, devido a uma situação de urgência, o consentimento apropriado não possa ser conseguido, qualquer intervenção medicamente indispensáveis pode ser imediatamente efetuada para benefício da saúde da pessoa em causa" (art. 8°).

[200] Idem, ibidem, p. 436.

[201] Idem, ibidem, p. 439.

[202] JAKOBS, op. cit., p. 38.

[203] Esta hipótese contudo está fora do conceito de eutanásia, que tecnicamente exige o consentimento do paciente, mas mesmo assim vamos examiná-la por sua proximidade e relevância teórica.

médico de prolongar a vida do paciente, logicamente quando isso seja tecnicamente possível. Mesmo assim, "os limites do dever de tratamento médico não podem ser determinados unicamente pelas possibilidades técnicas das quais se disponha para a manutenção da vida".[204] De outra banda, o aludido dispositivo legal (CP, art. 146, § 3º, I) também poderá vir em favor do médico para tornar a sua omissão impunível, pois há limites do dever médico de tratamento e "procrastinar de modo indefinido o inevitável processo da morte através de modernos aparelhos não corresponde" a uma morte condizente com a dignidade humana, "devendo existir uma fronteira, além da qual a vontade do paciente não pode mais ser decisiva".[205] Por conseguinte – pondera Romeo Casabona – "a iniciação, continuação ou ampliação de um tratamento é exigível unicamente quando exista a possibilidade por parte do médico (ou mais exatamente: de acordo com o estado da ciência médica e dos meios disponíveis) de cumprir sua função curativa. Se isto não é possível, em vista da situação do paciente concreto e determinado, de acordo com critérios da *lex artis* do momento, não existe o dever de tratar (salvo medidas paliativas, contra a dor e sofrimento),[206] seriam fases terminais ou de irreversibilidade para as que se carece, segundo o *standard* médico, de um tratamento eficaz";[207] ao contrário, a *lex artis* impõe nestes casos, a supressão de todo tratamento ou medida assistencial artificial que possa resultar na chamada "distanásia" (prolongamento do curso natural da morte), pois "o médico *não é obrigado* a intervir no sentido de prolongar a vida do paciente para além do período natural, salvo se tal lhe for expressamente requerido pelo doente".[208]

Assim, e dependendo do caso concreto, a renúncia, a suspensão ou a limitação do tratamento, mesmo sem o consentimento do paciente ou de seu representante legal (eutanásia passiva unilate-

[204] ZUGALDÍA ESPINAR, Eutanasia y homicidio a petición: situación legislativa y perspectivas político-criminales *apud* ROSAL BLASCO, *RBCCRIM* (1995), p. 12.

[205] ROXIN, op. cit., p. 22. Segundo ROSAL BLASCO (op. cit., p. 12), por ser capaz de prolongar a vida, através de métodos artificiais, durante períodos de tempo consideráveis, a medicina situa tanto o médico quanto o paciente e seus familiares ante o dilema de se se deve ou não realizar sempre todas as possibilidades, desde a perspectiva da técnica médica.

[206] "A menos que o interessado se negue" a tal cuidado (v. CONSELHO DA EUROPA, *Recomendação* 1.418/99, A, VII).

[207] ROMEO CASABONA, *El derecho y la bioética ante los límites de la vida humana*, p. 442.

[208] FIGUEIREDO DIAS; SINDE MONTEIRO, *Responsabilidade médica em Portugal*, p. 62-63.

ral), poderá ser considerada uma "intervenção médica indicada" (atípica ou lícita),[209] portanto, penalmente irrelevante e impunível,[210] sobretudo para evitar intervenções terapêuticas desproporcionadas, fúteis e obstinadas[211] que, inclusive, poderiam se traduzir em tratamentos inumanos ou degradantes, proibidos pela Constituição Federal (art. 5º, III). Contudo, é preciso muito rigor na análise para evitar possíveis abusos, principalmente ligados a interesses econômicos dos familiares, dos hospitais ou do sistema de saúde, ou a motivações ideológicas, políticas ou de outro gênero.[212] Diante disso, por cautela, e antes de agir unilateralmente, é sempre recomendável que o médico respeite a vontade – ainda que seja uma vontade presumida (consentimento presumido)[213] – do paciente ou de seu representante legal quando seja possível.

---

[209] Segundo ESER (*Derecho penal, medicina y genética*, p. 50), é preciso diferenciar os seguintes casos: o caso do médico que renuncia em continuar o tratamento daquele enfermo que *sofre graves dores e que já se encontra imerso de forma irreversível no processo mortal*, a fim de evitar seu sofrimento, pode justificar-se num estado de necessidade ou ser mesmo atípica diante da inexistência do dever de garantia, devido à inexigibilidade [normativa] de aplicar mais medidas que prolonguem tanto a vida como o sofrimento do paciente. Do contrário – continua o autor – , se não existe *nenhuma necessidade de aliviar a dor* porque, por exemplo, o paciente está inconsciente, a renúncia ao tratamento só poderia ser considerada [atípica] se as medidas que deveriam ser aplicadas na prolongação da vida fossem faticamente [tecnicamente] impossíveis, ou seja, normativamente inexigíveis.

[210] Nesse sentido, aliás, já decidiu *Bundesgerichthof* (BGHSt 32, 379 e ss. *apud* ROXIN, op. cit., p. 22): "inexiste um dever jurídico de manter a qualquer preço a vida que se esvai. Medidas de prolongamento da vida não são obrigatórias, pelo simples fato de que sejam tecnicamente possíveis. Tendo em vista a evolução da tecnologia médica, que ultrapassa os limites até então reconhecidos, a indicação sobre os limites do dever de tratamento não pode mais depender da eficiência dos aparelhos, sendo isso um problema a ser resolvido através de uma decisão do caso concreto, orientada pelo respeito à vida e à dignidade humana".

[211] Nesse sentido, aliás, estabelece o Código de ética e deontologia médica espanhol: "no caso de enfermidade incurável e terminal, o médico deve limitar-se a aliviar as dores físicas e morais do paciente, mantendo em todo o possível a qualidade de uma vida que se esgota e evitando empreender ou continuar ações terapêuticas sem esperança, inúteis ou obstinadas" (28, n. 2).

[212] Cf. ROMEO CASABONA, *El derecho y la bioética ante los límites de la vida humana*, p. 445; ESER, op. cit., p. 51-52.

[213] Como bem explica ROXIN (op. cit., p. 12), "na hipótese de não poder mais o moribundo emitir uma declaração de vontade, ou já não estar ele em condições de o fazer de modo responsável, a conduta também será impunível, se corresponder à sua vontade presumida".

Igualmente, a "permissão da eutanásia indireta é já há tempo reconhecida pela literatura e também pela práxis médica".[214] Assim, a eutanásia ativa-indireta não será punível "no caso do médico que aceita o adiantamento do momento da morte somente como um *risco não intencionado inerente à mitigação da dor*". Mesmo a possibilidade de enquadrar o agente na hipótese de homicídio por dolo eventual – agente assume o risco e aceita a eventual produção do resultado (adiantamento da morte) – deve ser rechaçada, pois, em princípio, "não está na intencionalidade do agente o encurtamento da vida, senão unicamente aliviar o sofrimento do paciente".[215] Do contrário, seria caso de eutanásia ativa-direta[216] (penalmente relevante e punível). Enfim, não se vislumbra a eventual responsabilização do agente por homicídio culposo, desde que o médico esteja devidamente ajustado ao dever objetivo de cuidado; e para aferir se este foi cumprido é de fundamental importância verificar se a conduta está ou não de acordo com a *legis artis* relativa, em especial, aos cuidados paliativos.

Por último, a eutanásia pura ou genuína também é penalmente irrelevante, salvo se forem omitidas (total ou parcialmente) ou se forem ministradas medidas paliativas (p.ex., anestesia) contra a vontade do paciente (sem seu consentimento). Nestes casos,[217] mais raros, diga-se de passagem, poderá o médico vir a incorrer no delito de lesão corporal (CP, art. 129) a título de omissão (CP, art. 13, § 2º, *b*) ou de comissão, respectivamente, pela não evitação e/ou diminuição de sofrimentos desnecessários ao paciente.

---

[214] ROXIN, op. cit., p. 13. E – como informa este autor (idem, ibidem, p. 14) – recentemente (1996), a permissão da eutanásia indireta foi reconhecida na jurisprudência alemã. O Tribunal Federal alemão (BGHSt 42, 301) assim decidiu: "uma medicação lenitiva, necessária do ponto de vista terapêutico, em correspondência vontade declarada ou presumida do paciente, não deixa de ser permitida em caso de morte, se a aceleração deste resultado surgir como efeito colateral não almejado, mas cujo risco foi assumido".

[215] ROMEO CASABONA, *El derecho y la bioética ante los límites de la vida humana*, p. 429. Em se admitindo tal hipótese de dolo eventual, o fato poderia ainda ser considerado justificado pelo estado de necessidade (CP, art. 23) ou não culpável diante da inexigibilidade de conduta diversa por parte do médico.

[216] ROMEO CASABONA, idem.

[217] Estes casos contudo estão fora do conceito de eutanásia, que tecnicamente exige o consentimento do paciente. Mas mesmo assim foram referidos por sua proximidade e relevância teórica.

4.3.4. *Auxílio ao suicídio, eutanásia e paciente suicida*

Como se viu acima, a regra é de que o médico deve respeitar o direito de o paciente decidir se quer ou não ser tratado, desde que esta seja uma decisão livre, séria e responsável. Porém, questiona-se se esta regra aplica-se também aos pacientes suicidas.

Ocorre que "os suicidas frequentemente não agem em condições de plena responsabilidade, sendo comum, em caso de salvamento, arrependerem-se de suas ações quando voltarem a seu normal estado de espírito".[218] Assim, "se a perturbação psíquica for reconhecível, ter-se-á de afirmar a existência de um dever de salvamento e tratamento"[219] por parte do médico. "Não sendo este o caso ou estando ele seguramente excluído, inexiste motivo racional para não respeitar a decisão autônoma do paciente também no suicídio".[220]

Por outro lado, e quando pairarem dúvidas sobre a seriedade da decisão do suicida, sugere Eser uma análise mais crítica e a aplicação do princípio *in dubio pro vita, in verbis*: "num suicídio que se realiza na plenitude da vida, o tema da liberdade e responsabilidade precisará um exame mais crítico do que no caso de uma pessoa já próxima da morte e que só deseja acelerar o processo mortal. Por esta razão, deveria aproveitar-se em princípio – *in dubio pro vita* – qualquer possibilidade de salvação".[221] Todavia, adverte o referido autor: "Mas se não existe nenhuma dúvida razoável acerca da liberdade e responsabilidade subjetiva do suicida, teria que ser respeitada sua vontade".[222]

Diante disso, e dependendo do caso, é "em princípio proibido ao médico curvar-se diante do desejo de morte do suicida" devendo, portanto, dentro das possibilidades concretas, agir para evitar o resultado (morte do paciente), sob pena de incorrer no crime de homicídio por omissão, ou então no crime de auxílio ao suicídio (suicídio medicamente assistido), se os atos executórios forem praticados exclusivamente pelo paciente. Neste último caso, deve-se

[218] ROXIN, op. cit., p. 19-20.

[219] Idem, ibidem, p. 20.

[220] Idem, ibidem.

[221] ESER, op. cit., p. 48

[222] Idem, ibidem..

ainda atentar para a delimitação entre o paciente suicida e o paciente eutanásico.

A eutanásia realizada pelo próprio paciente (autoeutanásia ou suicídio eutanásico) é atípica e conceitualmente não coincide com o suicídio, embora tenham consequências jurídico-penais semelhantes. Enquanto a autoeutanásia está relacionada com o adiantamento, pelo próprio *morituriens*, do momento da morte como único meio de abreviar o sofrimento físico e moral derivado de uma enfermidade grave e irreversível, o suicídio consiste simplesmente em dar fim à própria vida por qualquer outro motivo.[223] Em ambos os casos – destaca Romeo Casabona – existe a vontade direta de morrer; o suicídio seria o gênero, e a autoeutanásia, a espécie.[224] Tanto o suicídio como o suicídio eutanásico não são puníveis no sistema penal brasileiro, somente a instigação, induzimento ou auxílio ao suicídio (CP, art. 122). Além disso, se o médico exercer alguma coação para impedir o suicídio (eutanásico ou não) alheio não será punido por constrangimento ilegal em razão da atipicidade de sua conduta por força da exceção legal prevista expressamente em lei (CP, art. 146, § 3º, II).

4.3.5. Eutanásia (passiva) e estado vegetativo persistente

Nos pacientes com morte cerebral (ausência irreversível de todas funções do tronco-encefálico, do encéfalo e do córtex cerebral),[225] a desconexão dos aparatos e mecanismos de assistência e a interrupção do tratamento não realizam o tipo de delito de homicídio, pois aqueles estão clínica e juridicamente mortos.[226] Contudo, há casos *sui generis* em que, apesar de o paciente estar gravemente doente de forma irreversível, ainda não se iniciou o processo de morte.

---

223 ROMEO CASABONA, *El derecho y la bioética ante los límites de la vida*, p. 426-427.

224 Idem, ibidem, p. 427.

225 A concepção atual, praticamente indiscutida, considera a morte cerebral ou encefálica, isto é, a perda total e irreversível da atividade cerebral, como critério decisivo para determinar juridicamente a ocorrência do evento morte. Tal critério foi adotado pela legislação brasileira (Lei 9.434/97, art. 3º).

226 Similar, ROMEO CASABONA, *El derecho y la bioética ante los límites de la vida humana*, p. 442.

Termo cunhado em 1972 por Jennett e Plum,[227] estado vegetativo é o estado evolutivo pós-coma no qual reaparecem as grandes funções vegetativas (respiração espontânea, regulações cardiovasculares, ciclos vigília-sono), mas há ausência total de consciência e de qualquer capacidade de expressão e percepção durante um tempo variável e persistente. Este estado geralmente é irreversível, mas nem sempre, sendo necessária uma observação cuidadosa e atenta para se chegar a um diagnóstico seguro.

Há três formas de estado vegetativo: a) estado vegetativo agudo, decorrente de dano cerebral súbito e severo (p. ex., traumatismo craniano ou perda de fluxo sanguíneo causada por repentinas insuficiências cardiorrespiratórias); b) estado vegetativo degenerativo ou metabólico, no qual o dano cerebral inicia gradualmente e progride lentamente durante meses ou anos (p. ex., estágio final da doença de Alzheimer); e c) estado vegetativo congênito, decorrente de inúmeras malformações congênitas severas do cérebro que aparecem no nascimento (p. ex., no caso dos anencéfalos).[228]

Diferentemente da morte cerebral – em que há cessação irreversível de todas as funções cerebrais por completo –, no estado vegetativo, embora estejam ausentes as funções cerebrais superiores, estão presentes (e relativamente ativas) as funções do tronco cerebral.[229] Portanto, os doentes em estado vegetativo são pacientes vivos – porquanto possuem uma atividade cerebral parcial ou incompleta –, mas que estão inconscientes e não sentem dor nem sofrimento, não respondendo a estímulos visuais, auditivos e táteis. Ademais, não são pacientes terminais, e destes se distinguem porque podem apresentar sobrevivência prolongada – durante meses ou até anos – enquanto forem mantidas sua nutrição e hidratação artificiais.

Todavia, a manutenção ou não da vida dos pacientes em estado vegetativo é um problema complexo e controvertido, sendo muito discutidas as eventuais limitações ao dever médico de tratamento nestes casos. Embora não se enquadre rigorosamente no âmbito da eutanásia propriamente dita, a valoração jurídico-penal do estado vegetativo persistente está bastante próxima a ela, aplicando-se no essencial o que foi exposto a respeito da eutanásia passiva.

---

227 JENNETT; PLUM, *The Lancet* (1972), p. 734-737.

228 CRANFORD, in: POST, *Encyclopedia of bioethics (vol.2)*, p. 605.

229 Idem, ibidem, p. 603.

5. O médico e o crime de violação de segredo profissional: comentários sobre o art. 154 do Código Penal[230]

5.1. Comentários gerais

Para abordarmos o segredo profissional do médico e toda a problemática que o cerca, imperioso é definirmos a relação onde será estabelecida a gênese deste segredo, a relação médico-paciente, pois é a partir desta relação que surge a necessidade e o dever de manutenção do segredo médico. Segundo Constantino, podem-se observar dois aspectos característicos essenciais envolvidos na relação médico-paciente: "que a relação médico-paciente se origina de uma necessidade preestabelecida; que a relação médico-paciente determina uma função distinta a cada um de seus figurantes".[231]

Por conseguinte, esta necessidade preestabelecida deve ser entendida como a busca do tratamento ou da cura ao mal incidente na saúde mental ou física, ou mesmo do bem-estar biopsicossocial. A distinção na função dos protagonistas desta relação se dá na medida em que o paciente deve receber o tratamento, enquanto o médico deve ofertá-lo ou indicá-lo. Tal função exercida pelo médico lhe permite dispor de certo poder perante o paciente, detendo informações que estarão ligadas direta ou indiretamente ao mal ou ao motivo que deu origem ao tratamento.

---

[230] Título original: O médico e o crime de violação de segredo profissional: breve análise doutrinária e jurisprudencial do art. 154 do Código Penal, escrito em coautoria com Luciana Tramontin Bonho e João Alves Teixeira Neto.

[231] CONSTANTINO, *Médico e paciente*, p. 57.

Para a classe médica, o segredo é algo que não se pode dissociar do exercício da sua profissão. No dizer de Gonzaga,[232] pelas peculiares condições em que exerce o seu mister, o médico tem frequentes vezes diante de si, abertos em leque, informes íntimos da mais variada qualidade, além disso, precisa atender, também, ao prestígio social da sua profissão, destinada a servir às causas da saúde coletiva. Nem sempre o diagnóstico da moléstia ou da lesão física sofrida pelo paciente será o fato que este deseja manter em segredo. Em alguns casos, o que se pretende manter escondido do domínio público são as circunstâncias que ensejam o surgimento da moléstia ou da lesão,[233] ou mesmo as condições gerais de saúde do paciente.[234]

Seria ocioso pôr em evidência o significado do segredo médico uma das "constantes antropológicas" mais estabilizadas e irrenunciáveis da organização social.[235] O segredo médico é um procedimento típico e inerente às profissões ligadas às ciências médicas. A natureza confidencial do relacionamento médico-paciente é aceita como da maior relevância e exigida pela sociedade como forma de proteção.[236] É de interesse social que os fatos da vida privada revelados pelos pacientes sejam resguardados, ocultados, isto é, sejam mantidos em segredo pelo médico, pois, do contrário, sem esse sigilo, poucas pessoas se arriscariam a procurar ajuda desses profissionais.[237] Desde os primórdios da história, no mais remoto e respeitado documento médico, o juramento de Hipócrates (séc. V a.C.), temos notícia da existência do segredo médico, *in verbis*:

---

[232] GONZAGA, *Violação de segredo profissional*, p. 85-96.

[233] BARROS, *RT* (1996), p. 423.

[234] Para CAPELO DE SOUSA (*O direito geral de personalidade*, p. 325, nota 819), a saúde de uma pessoa faz parte da individualidade privada do ser humano, sendo, por isso, ilícitas "as divulgações e as publicações de doenças de que sofrem as pessoas". Observa ROMEO CASABONA (*Progresos en diagnóstico prenatal*, 1997, p. 523) que a informação relativa à saúde identifica-se com a categoria dos denominados "dados de caráter pessoal sensíveis" ou "supersensíveis", devido à especial vulnerabilidade que pode apresentar para a intimidade e outros direitos ou interesses do indivíduo afetado caso haja o conhecimento por terceiras pessoas quando tal informação revela uma doença grave, atual ou latente.

[235] COSTA ANDRADE, *Direito penal médico*, p. 172.

[236] FRANÇA, *Comentários ao código de ética médica*, p. 125.

[237] Similar, CAPEZ, *Curso de direito penal* (vol. 2), p. 364. Segundo RODRÍGUEZ (*Tutela penal da intimidade*, p. 27), "a intimidade, como modo de manifestação da personalidade, é forma, de expressão de liberdade, enquanto o segredo constitui um *meio* ou *instrumento* de proteção da intimidade".

"O que, no exercício ou fora do exercício e no comércio da vida, eu vir ou ouvir, que não seja necessário revelar, conservarei como segredo".[238] E hoje o segredo médico aparece invariavelmente como mandamento privilegiado dos pronunciamentos e códigos ético-deontológicos, correspondendo, por isso, a um dos referentes irrenunciáveis da autorrepresentação do médico em todo o mundo.[239]

Por um lado, o segredo médico é um direito que assiste ao profissional da saúde (CF, art. 5°, XIV), quando for necessário ao exercício profissional. Ademais, vale lembrar que o livre exercício da medicina trata-se de um direito de liberdade por excelência (CF, art. 5°, XII). Neste sentido, o Código penal optou por incluir o crime de violação do segredo profissional no capítulo dos crimes contra a liberdade, entendendo-se que o art. 154 do diploma penal visa a tutelar um importante aspecto da liberdade individual.[240]

Por outro lado, o segredo médico também é um dever que cabe aos profissionais da medicina no sentido de resguardar a intimidade dos pacientes. Dever – deontológico[241] e legal – para o médico, e ao mesmo tempo um direito para o paciente no que se refere à proteção da sua intimidade. Aliás, a Carta Magna assegura a tutela da vida íntima e privada dos pacientes, dispondo que "são invioláveis a intimidade, a vida privada, a honra e a imagem das pessoas" (CF, art. 5°, X).[242]

---

[238] DINIZ, *O estado atual do biodireito.*, p. 565.

[239] COSTA ANDRADE, op. cit., p. 172.

[240] PRADO, *Curso de direito penal brasileiro* (vol. 2), p. 315; BITENCOURT, *Tratado de direito penal* (vol. 2), p. 444; CAPEZ, op. cit., p. 364.

[241] O sigilo médico também é protegido por normas deontológicas, v. Código de Ética Médica (CFM, *Resolução* 1.246/88, arts.11, 102); CNS, *Resolução* 196/96, art. IV, 1, *g*; VII, 13, *c*).

[242] Esta tutela constitucional do direito à intimidade segue uma tendência protetiva já iniciada na *Declaração Universal dos Direitos humanos*, que no seu art. 12 reza:"ninguém será objeto de interferências arbitrárias em sua vida privada, família, domicílio ou correspondência, nem de ataques à sua honra ou reputação. Toda pessoa tem direito à proteção da lei contra tais interferências ou ataques". Para CAPELO DE SOUZA (op. cit., p. 318, nota 808), a proteção da intimidade da vida privada abrange "quer as relações vivenciais de cada homem consigo mesmo, quer suas relações convivenciais com certas e determinadas pessoas". No entender de COSTA JÚNIOR (*O direito de estar só*, p. 54), o direito à intimidade é: "(...) o direito de que dispõe o indivíduo de não ser arrastado para a ribalta contra a sua vontade. De subtrair-se à publicidade e de permanecer recolhido na sua intimidade. *Diritto alla riservatezza*, portanto, não é o direito de ser reservado, ou de comportar-se com reserva, mas o direito de manter afastados dessa esfera de reserva olhos e ouvidos indiscretos, e o direito de impedir a divulgação de palavras, escritos e atos realizados nessa esfera de intimidade" .

Desta forma, o segredo médico deriva do direito à intimidade, sendo uma subespécie deste. Noutras palavras, o segredo é uma projeção específica ou uma manifestação particular da intimidade.[243] Nesta senda está Costa Júnior, que, ao falar da proteção penal do segredo profissional, refere: "a intimidade foi sem dúvida protegida, mas de forma mediata e insuficiente. Mediata, porque o objetivo do preceito foi o resguardo do segredo ao confidente necessário, e a intimidade, que é o todo de que é parte o segredo, só indiretamente vem a ser protegida".[244] Na realidade, "a esfera de segredo é o núcleo mais profundo da intimidade, que engloba a aspiração individual de conservar intocadas a tranquilidade de espírito, a paz interior, fatalmente perturbadas pela publicidade ou intromissão alheia. Por outra parte, embora o segredo se refira normalmente a fatos integrantes da área de intimidade do indivíduo (...) pode também envolver aspectos outros alheios à personalidade do interessado, mas que este queira manter ocultos".[245]

Reconhecendo a importância dos segredos profissionais e os direitos e deveres a ele inerentes, o ordenamento jurídico brasileiro exclui os médicos da obrigação de depor em juízo. De acordo com o CPP, "são proibidas de depor as pessoas que, em razão de função, ministério, ofício ou profissão, devam guardar segredo, salvo se desobrigadas pela parte interessada, quiserem dar o seu testemunho" (art. 207). O CC determina que "ninguém pode ser obrigado a depor sobre fato a cujo respeito, por estado ou profissão, deva guardar segredo (art. 229, I). No mesmo diapasão dispõe o CPC que a parte e a testemunha não são obrigadas a depor de fatos a cujo respeito, por estado ou profissão, devam guardar sigilo"[246] (art. 347, II; 406, II, respectivamente). Já em seu artigo 363, o

---

[243] Segundo a "teoria das esferas" (*Sphärentheorie*), iniciada por Hubmann e aprimorada por Henkel, a tutela da personalidade humana apresenta três esferas ou círculos concêntricos distintos: a) a esfera privada (*Privatsphäre*); b) a intimidade (*Intimsphäre*); e o sigilo/segredo (*Geheimsphäre*), sendo que este último é a esfera mais central e restrita das três, da qual "se excluem todos indivíduos alheios à titularidade dos dados ou informações que necessitam proteção mais intensa – os segredos documentais e as informações secretas" (SILVA, *Liberdade de expressão e direito penal*, p. 183). Sobre a "teoria das esferas" e a diferença conceitual entre as três esferas mencionadas, v. RODRÍGUEZ, op. cit., p. 24 e ss.; SOUZA, *RBCCRIM* (2008), p. 111.

[244] COSTA JÚNIOR, *O direito de estar só*, p. 109.

[245] PRADO, *Curso de direito penal* (vol.2), p. 316.

[246] Embora não seja objeto deste trabalho aprofundar a questão, há diferenças conceituais entre "segredo" e "sigilo", sendo este (sigilo) o instrumento processual de tutela daquele

CPC estabelece que "a parte e o terceiro se escusam de exibir, em juízo, o documento ou a coisa: (...) IV – se a exibição acarretar a divulgação de fatos, a cujo respeito, por estado ou profissão, devam guardar segredo". Enfim, e quanto à exibição de documentos especificamente, é desobrigado o médico de exibir prontuários, exames e outros se isto lhe representar, ou ao paciente, perigo de ação penal (art. 363, inciso III, *in fine*). Portanto, tanto no processo penal quanto no processo civil os médicos estão desobrigados de testemunhar revelando dados confidenciais do paciente, ou seja, violando o segredo médico.

Dito isso, num sentido amplo, pode-se definir segredo médico como o direito-dever[247] de não serem revelados a terceiros fatos ou informações confidenciais obtidas em razão de confiança na relação médico-paciente.[248] Mais estritamente, entende-se por segredo médico "o silêncio que o profissional da medicina está obrigado a manter sobre fatos de que tomou conhecimento no exercício de seu mister, e que não seja imperativo revelar".[249]

(segredo). Conforme elucida SOUZA (op. cit., p. 112): "segredo é a informação, o dado da realidade que se pretende ver protegido ou ocultado, e o sigilo é a forma através da qual é efetivada essa proteção (...) o sigilo é o instrumento de proteção hábil a preservar a confidencialidade de uma informação, de um dado, o segredo que não pode ser revelado".

[247] Como explica GIMBERNAT ORDEIG (*Ensayos penales*, p. 165), "o segredo é um direito – e um dever – que nosso ordenamento jurídico reconhece a determinados profissionais e sem ele não se concebe o exercício das profissões que exercem".

[248] Assim, para que possa haver confidencialidade é preciso que exista confiança do paciente no médico. Nesse sentido, está o pensamento de Styffe, referido por Loch: "la confidencialidad implica un presupuesto – la confianza – que un individuo tiene de que cualquier información compartida será respetada y utilizada solamente para el propósito para el cual fue revelada. Así, una información confidencial es tan privada como voluntariamente compartida, en una relación de confianza y de fidelidad." (STYFFE *apud* LOCH, *La confidencialidad en la asistencia a la salud del adolescente*, p. 41). Na mesma trilha, MONIZ (*RPCC* 2000, p. 633): "a esfera do segredo é essencial na relação médico-doente. Trata-se de uma relação que exige uma constante troca de informações impondo ao médico um dever de confidencialidade. Este dever de confidencialidade decorrente do direito à reserva da vida privada engloba todas as informações de que o médico tenha conhecimento por causa da sua profissão".

[249] FRANÇA, *Comentários ao código de ética médico*, p. 125. Para CAPELO DE SOUSA (*O direito geral de personalidade*, p. 331, nota 832), "o segredo profissional assenta numa relação de confiança e proíbe ao destinatário que revele ou se aproveite daquilo que lhe é confidenciado em razão da sua profissão".

5.2. Comentários dogmáticos

O segredo profissional do médico é um dever inerente ao desempenho da profissão, caracterizando a sua violação, infração ética, civil[250] e penal.

Dispõe o artigo 154 do Código Penal, que constitui crime de violação de segredo profissional médico: "revelar alguém, sem justa causa, segredo de que tenha ciência em razão de função, ministério, ofício ou profissão, e cuja revelação possa produzir dano a outrem". A pena é de detenção, de 3 (três) meses a 1 (um) ano, ou multa, e somente se procede mediante representação (parágrafo único).

5.2.1. Tipo objetivo

Bem jurídico: é o *segredo* que foi informado e confiado ao agente em razão da profissão deste (*segredo profissional*).[251] Segredo significa "todo informe que, conhecido apenas por seu titular ou por número restrito de pessoas", não pode ou não deve ser revelado a outrem,[252] abrangendo "os fatos de que o médico tenha tomado conhecimento em razão da sua atividade profissional, conhecidos de um número limitado e restrito de pessoas e em cuja reserva o titular tenha um interesse razoável e justificado".[253] Portanto, "o segredo atrela-se ao

---

[250] Segundo CAVALIERI FILHO (*Programa de Responsabilidade Civil*, p. 399), embora raros na jurisprudência os casos de responsabilidade médica por violação de segredo profissional, nada impede uma ação com tal fundamento em busca de indenização por dano moral. E assim é porque o médico tem o dever ético e legal de guardar segredo sobre fatos de que tenha tomado conhecimento no exercício de sua atividade profissional. A violação desse segredo, quando não acarreta também danos materiais, ofende o direito à intimidade, um dos sagrados direitos da personalidade. É cabível, portanto, juridicamente, a responsabilização civil caso haja dano material ou moral ao paciente que tiver os seus dados clínicos tornados públicos que tenha lhe causado algum dano.

[251] Todavia, para alguns autores o bem jurídico tutelado neste crime é a "intimidade" e/ou "privacidade", sendo o segredo considerado mero "meio ou instrumento" de proteção" (entre outros, RODRÍGUEZ, op. cit., p. 27; 33; 138; ROMEO CASABONA, *Comentarios al código penal*, p. 818) ou objeto material (assim, COSTA ANDRADE, *Direito penal médico*, p. 22; 67;182-183) daqueles.

[252] PRADO, op. cit., p. 317.

[253] COSTA ANDRADE, op. cit., p. 184. Aduz este autor (idem, ibidem) que o segredo médico abrange a doença, a anamnese, o diagnóstico, a prognose, a prescrição, a terapia, a resposta ao tratamento, os exames e meios de diagnóstico e toda a informação constante de relatórios, ficheiros, processos clínicos, radiográficas, ecografias, tomografia computadorizada, traços

desejo de ocultar, ou seja, aquilo que cada pessoa guarda para si, com firme intenção de não revelar aos demais (...). O segredo é parte da intimidade, porém não se confunde com ela".[254]

Sujeito ativo: sujeito ativo do crime de violação de segredo profissional médico são os médicos, "na diversidade das suas especialidades e independentemente do modo e do tempo de sua interação com o paciente".[255] Todavia, podem igualmente praticar esses crimes os seus auxiliares ou ajudantes (enfermeiros, auxiliares de enfermagem, paramédicos, farmacêuticos, terapeutas, massagistas, secretárias, estagiários, estudantes, etc.), desde que tenham conhecimento do segredo no exercício de suas atividades. Para Bitencourt, "trata-se de uma modalidade muito peculiar de crime próprio, uma vez que a condição especial não se encontra no sujeito ativo, mas na natureza da atividade, que lhe possibilita ter ciência do segredo profissional".[256] Enfim, costumam-se designar os sujeitos ativos deste crime profissional como *confidentes necessários* porque, em razão da natureza de sua atividade específica, estes agentes normalmente tomam conhecimento de confidências e informações particulares dos pacientes. Noutras palavras, os médicos são confidentes necessários porque sua profissão não pode ser desempenhada sem que tenham conhecimento de certos segredos do paciente.[257]

Sujeito passivo: é a pessoa (física) a quem pertencem os dados confidenciais que foram informados ao agente (médico), isto é, o paciente interessado na conservação do segredo. No entanto, como adverte Prado, a pessoa que transmite o segredo ao agente nem sempre é o titular do bem jurídico protegido. É o que ocorre, por exemplo, quando o médico descobre a doença do marido de sua paciente através desta, vindo posteriormente a revelá-la.[258]

Conduta: o núcleo do tipo é o verbo *revelar*, que significa comunicar, transmitir, contar a terceiros, sendo suficiente que a revelação seja feita a uma única pessoa. No entanto, a conduta *revelar* tem

---

de caráter revelados pelo paciente, as suas reações aos diferentes atos médicos, os fatos atinentes à sua vida privada, profissional, à situação econômica, financeira ou política, bem como os gostos, vícios, abusos, excessos e atos ilícitos.

254 RODRÍGUEZ, op. cit., p. 27.

255 COSTA ANDRADE, op. cit., p. 188.

256 BITENCOURT, op. cit., p. 445.

257 Nesse sentido, PRADO, op. cit., p. 318.

258 PRADO, op. cit., p. 317.

uma abrangência mais restrita do que a de *divulgar*, pois esta exige um número indeterminado de pessoas.[259] A conduta típica é comissiva, podendo ser praticada de várias maneiras executórias (oral, escrita, por gestos, fotografias, desenhos, imagens, etc.) desde que idôneas à revelação do segredo.[260]

Objeto material: é a pessoa que tomou conhecimento do segredo que não pode ser revelado. A revelação do segredo pode se concretizar documentalmente ou oralmente. No entanto, é indiferente o modo como este terceiro teve conhecimento do segredo (p. ex., pode ter lido o prontuário médico, ter ouvido o médico falar, etc.).

Elementos descritivos: são dois elementos descritivos previstos no tipo: *segredo*[261] e *profissão*. O termo *profissão* significa "toda atividade, pública ou particular, habitual e especializada, através da qual se prestam serviços a terceiros".[262] Ademais, "o exercício profissional normalmente está submetido ao preenchimento de certas exigências regulamentares impostas pelo Poder Público (*v.g.* obtenção de diploma, registro profissional, etc.) e tem fins lucrativos".[263]

Elementos normativos: para o crime em questão se configurar, é indispensável que quando da revelação do segredo profissional não tenha ocorrido *justa causa*. A expressão "sem" é um elemento normativo negativo do tipo.[264] Se ausente este elemento, afasta-se a tipicidade do fato delituoso. Por sua vez, o termo "justa causa" constitui um elemento normativo jurídico e extrajurídico, simultaneamente, pois a justa causa pode ser legal, ética, ou decorrente de consentimento.

a) Justa causa legal

A regra de o médico manter sigilo não é absoluta.[265] Da leitura do artigo 154 do CP observa-se que há situações em que o médico está isento de guardar o segredo profissional e que tornam a condu-

---

[259] Cf. BITENCOURT, op. cit., p. 445.

[260] Cf. PRADO, op. cit., p. 317

[261] Sobre o significado do termo *segredo*, vide 5.2.1 (bem jurídico).

[262] PRADO, op. cit., p. 318.

[263] Idem, ibidem.

[264] A respeito dos elementos normativos negativos do tipo, v. SPORLEDER DE SOUZA, *Revista Jurídica* (2006), p. 73 e ss.

[265] Para MAGALHÃES NORONHA (*Direito penal*, vol.2, p. 209), a justa causa funda-se na existência de estado de necessidade: é a colisão de dois interesses, devendo um ser sacrificado em benefício do outro; no caso, a inviolabilidade dos segredos deve ceder a outro bem

ta atípica; são os casos em que houver justa causa, uma elementar do tipo penal. Assim, o segredo médico pode ser revelado desde que haja justa causa, mas a revelação deve circunscrever-se ao limite do estritamente necessário. Segundo Bitencourt, "as 'justas causas' por excelência decorrem de lei".[266] A lei determina diversas circunstâncias que afastam o dever do médico de manter sigilo profissional, permitindo-se a eventual revelação de um fato considerado confidencial; são os casos de justa causa impostos pelo dever legal (justa causa legal). Por conseguinte, o dever de guardar segredo pelo médico pode ser quebrado em situações especiais quando estiver em jogo outro interesse relevante, como, por exemplo, salvar a vida do próprio paciente ou de outra pessoa a ele ligada; notificar a doença infecto-contagiosa; apurar fato delituoso; realizar perícias médico-legais e outras requisições da justiça.[267]

Na lei penal, são casos de justa causa legal: a) a notificação de doença (art. 269 do CP); b) a notificação de esterilização cirúrgica (art. 16 da Lei 9.263/96; c) a comunicação de crime no exercício da medicina ou de outra profissão sanitária (art. 66, II, do Decreto-Lei 3.688/41 (Lei de Contravenções Penais); d) as causas excludentes de tipicidade (art. 20 e 1° do CP), de ilicitude (art. 23, I, II e II) e de culpabilidade (arts. 21, 22, 28 do CP).[268] Na lei extrapenal podemos mencionar como casos de justa causa: a) o art. 169 da CLT; b) o art. 15 da Lei 7.036/44; c) o art. 186 da Lei 8.112/90. Todas elas são hi-

---

interesse. Há, pois, objetividades jurídicas que a ela preferem, donde não ser absoluto o dever do silêncio ou sigilo profissional.

[266] BITENCOURT, op. cit., p. 447.

[267] CAVALIERI FILHO. op. cit., p. 399.

[268] Quanto às excludentes decorrentes de erro, BITENCOURT (*Tratado de direito penal*, vol.1, p. 388) traz exemplos elucidativos referentes ao crime em tela: "se o profissional, médico, revela segredo do paciente, mas, sinceramente, acreditando que não lhe causará nenhum dano, pelo contrário, até lhe trará algum benefício, numa reunião científica, em um congresso de medicina, revela a doença de que o paciente é portador, esperando obter benefícios dessa revelação, nem imaginando que isso possa, de algum modo, por alguma circunstância que ele desconhece, traze prejuízo para o paciente, nesse caso, esse erro se refere a uma condição do tipo. Se, ao contrário, imaginar que a divulgação que faz realiza com justa causa, então o erro será sobre a ilicitude, descaracterizadora da culpabilidade. Por exemplo, o médico está pleiteando o pagamento de honorários, que paciente está lhe recusando, e imagina que para fundamentar o pagamento de honorários tem de explicitar o tipo de tratamento que realizou e o tipo de enfermidade do paciente. Por isso, nem pensa que está quebrando o sigilo com justa causa. Aqui não seria na realidade um erro sobre a constituição do tipo – sem justa causa –, mas sobre a ilicitude da conduta".

póteses nas quais o médico está liberado do dever de manter sigilo quanto aos dados e informações obtidas de seu paciente, pois, na realidade, ele está cumprindo uma imposição legal. Por outro lado, se o médico não atender a essas disposições legais, em alguns casos, ele poderá ser responsabilizado penalmente pela prática de outras infrações penais inclusive. Por fim, é importante salientar que o instituto da justa causa não deve servir para obrigar o médico a revelar fato amparado sob o sigilo profissional. O profissional não pode ser impelido a realizar determinada conduta sem que a lei o obrigue, do contrário estará incorrendo na prática do crime estipulado no artigo154 do CP.

b) Justa causa ética

Além das hipóteses legais, a justa causa também pode decorrer de imperativos éticos.[269] Tais hipóteses igualmente afastam a tipicidade do crime previsto no art. 154 do CP. Porém, o problema que daí surge é a imprecisão do termo que possibilita uma ampla exegese. De acordo com França, "pode-se dizer que justa causa [ética] é o interesse de ordem moral ou social que autoriza o não cumprimento de uma norma, contanto que os motivos apresentados sejam relevantes para justificar tal violação".[270] A doutrina tem estabelecido algumas situações em que ela estaria presente, podendo pontuar-se quatro justificativas de revelação que estão baseadas nos seguintes princípios éticos: a) princípio da não maleficência; b) princípio da beneficência; c) princípio do respeito à autonomia; e d) princípio da justiça. O médico poderá revelar informações confidencias do seu paciente quando, por exemplo: a) "um sério dano físico a pessoa identificável e específica tiver alta probabilidade de ocorrer, aplicando-se o princípio da não maleficência; b) um benefício real resultar dessa quebra de confidencialidade, por força do princípio da beneficência; c) for o último recurso, após ter sido utilizada a persuasão ou outras abordagens, em virtude da prevalência do princípio da autonomia"; d) esse procedimento for generalizável, ou seja, será ele novamente utilizado em outras situações com caracterís-

[269] Em sentido contrário BITENCOURT (*Tratado de direito penal*, vol.2, p. 447), para quem "o simples *dever moral* é insuficiente, em tese, para constituir justa causa capaz de autorizar a revelação do segredo". De modo crítico, Costa Júnior relata uma tendência em ampliar-se o conceito de justa causa com base no interesse social ou moral, porém ressalta a necessidade de limitar-se esse alargamento com base no fundamento jurídico, sob pena de incorrer-se na ineficácia da norma que regula o dever de sigilo (COSTA JR, *Código penal comentado*, p. 473).

[270] FRANÇA, in: LANA; FIGUEIRO, *Temas de direito médico*, p. 373.

ticas idênticas, independentemente da posição social do paciente envolvido, diante do princípio da justiça.".[271]

Ademais, em algumas normas deontológicas são mencionadas outras situações relevantes em que o médico poderá revelar o segredo, sem que haja infração ética e/ou penal. O Código de Ética Médica prevê em seu artigo 11 que "o médico deve manter sigilo quanto às informações confidenciais de que tiver conhecimento no desempenho de suas funções. O mesmo se aplica ao trabalho em empresas, *exceto nos casos em que seu silêncio prejudique ou ponha em risco a saúde do trabalhador ou da comunidade.*" (grifo nosso). Já o artigo 103 do referido diploma deontológico estabelece que o médico pode revelar segredo profissional referente à menor de idade quando a não revelação possa acarretar danos ao paciente. No mesmo sentido é o artigo 105, que estatui que o médico pode revelar informações confidenciais obtidas quando do exame médico de trabalhadores se o seu silêncio puser em risco a saúde dos empregados ou da comunidade. Outra hipótese de justa causa ética para a quebra do sigilo médico é a respeitante aos portadores do vírus da imunodeficiência humana. Conforme parágrafo único do artigo 2° da Resolução CFM 1.359/92: "o sigilo profissional deve ser rigorosamente respeitado em relação aos pacientes com AIDS; isso se aplica inclusive aos casos em que o paciente deseja que sua condição não seja revelada sequer aos familiares, persistindo a proibição de quebra de sigilo mesmo após a morte do paciente. Será permitida a quebra do sigilo (...) por justa causa (proteção à vida de terceiros: comunicantes sexuais ou membros de grupos de uso de drogas endovenosas, quando o próprio paciente recusar-se a fornecer-lhe a informação quanto à sua condição de infectado)".

A nosso sentir, parece claro que o fundamento ético dos casos onde é possível e/ou obrigatória a revelação do segredo médico está baseado no utilitarismo. A *justa causa* trazida no Código de Ética Médica (art. 102) é a expressão exata de uma ética utilitarista, onde, em nome de um bem maior, vem a ser tolerada a violação de um segredo. Assim, observamos que a regra do segredo médico ganha seus limites quando a coletividade restar prejudicada com tal procedimento.[272]

---

[271] DINIZ, op. cit., p. 578.

[272] Não é de hoje que a relação entre temas da Bioética e o utilitarismo é tratada pelos autores, como se observa na doutrina de CLOTET (*Bioética: uma aproximação*, p. 164; 166): "o

c) Justa causa devido ao consentimento do ofendido

Ocorre consentimento do ofendido quando o sujeito passivo aceita ofensa a um bem jurídico (disponível) de que seja titular. Ao lado da justa causa legal e da justa causa ética, o consentimento do ofendido (paciente) também constitui uma espécie de justa causa que exclui a responsabilidade penal do agente.

Tratando-se de bem jurídico disponível (segredo profissional), o consentimento do ofendido exclui a adequação típica da conduta de revelar segredo profissional-médico, afastando a tipicidade do crime em tela. Todavia, "se vários forem os sujeitos passivos, isto é, interessados na manutenção do segredo, subsistirá o crime em relação aos que não consentiram",[273] e "em havendo conflito de vontades quanto à conservação do caráter sigiloso do fato reputa-se desautorizada sua revelação".[274] Adita ainda Prado que o consentimento poderá ser "*absoluto* – quando autorizado o confidente a revelar o segredo a quem quer que seja – ou *relativo* – se permitida a comunicação a pessoa ou pessoas determinadas; *total* – quando abarca o fato por completo, sem restrições – ou *parcial* – se consentida a revelação de parte da informação sigilosa".[275]

Ressalte-se, aliás, que no capítulo específico sobre o dever de sigilo, o Código de ética médica veda ao médico: "revelar fato de que tenha conhecimento em virtude do exercício de sua profissão, *salvo por (...) autorização expressa do paciente.*"(grifo nosso). E a Resolução CFM 1.605/00 prevê que "o sigilo médico é instituído em favor do paciente", estabelecendo que "o médico não pode, sem o consentimento do paciente, revelar o conteúdo do prontuário ou ficha médica" (art. 1º). E o artigo 2º da aludida norma reza que nos casos do art. 269 do CP, onde a comunicação de doença é compulsória, o dever do médico restringe-se exclusivamente a comunicar tal fato à autoridade competente, sendo proibida a remessa do pron-

utilitarismo, como filosofia moral do bem-estar social, de grande influência na história do pensamento dos séculos XIX e XX, não pode estar ausente, e de fato nunca esteve, como mais uma teoria ética que forma parte da construção e desenvolvimento da Bioética". Aduz ainda o renomado bioeticista que "o utilitarismo oferece uma razão para dirimir a questão em caso de conflito, e o agente moral deverá decidir-se por aquela solução que facilite a maximização do bem ou a minimização do mal" .

[273] BITENCOURT, *Tratado de direito penal* (vol.2), p. 447-448.

[274] PRADO, op. cit., p. 320.

[275] Idem, ibidem.

tuário médico do paciente. Outrossim, prevê ainda o artigo 3º que nos casos de investigação de cometimento de crime o médico está impedido de revelar segredo que possa expor o paciente a processo criminal. Enfim, a mesma resolução determina que o médico deverá disponibilizar ao perito nomeado pelo juiz o conteúdo do prontuário ou da ficha médica, nos casos em que, durante instrução de processo criminal, for requisitada, por autoridade judiciária competente para que neles seja realizada perícia restrita aos fatos em questionamento (art. 4º).

Consumação e tentativa: trata-se de crime formal, consumando-se com o ato de revelar a outrem, independentemente da concretização superveniente do dano. Quanto ao nexo causal, Delmanto *et al.* vislumbram três hipóteses: requer-se que haja nexo causal entre o conhecimento do segredo e a especial qualidade do agente em razão da profissão; o segredo pode ter sido conhecido sem que o interessado o desejasse revelar ao agente, sendo suficiente o nexo causal; a terceira pessoa que souber do segredo por lhe ter sido este revelado não incidirá na figura, se o der a conhecer, a menos que também exista a relação causal que obriga ao sigilo.[276] A tentativa é admissível.

Resultado jurídico: trata-se de crime de perigo concreto, exigindo-se que a revelação tenha real ou concreta probabilidade de dano/lesão ao bem jurídico segredo profissional. A revelação do segredo "deve ser hábil a provocar dano – material ou moral, público ou privado, pessoal ou familiar – àquele que o transmite ao confidente ou a outra pessoa, ou seja, deve encerrar a possibilidade de prejudicar alguém".[277] Não há perigo de dano/lesão a *outrem*, "no caso de um médico que revela dados clínicos de seus pacientes que ao implicam prejuízo a eles (por exemplo, um médico que revele os resultados dos exames que realizara em um ator famoso, submetido a *check-up*, e que demonstre que este se encontra em perfeito estado de saúde".[278]

5.2.2. Tipo subjetivo

É o dolo (direto ou eventual) representado pela vontade e consciência de revelar, sem justa causa, segredo que possa produ-

[276] DELMANTO *et al.*, *Código penal comentado*, p. 334.

[277] PRADO, op. cit., p. 318.

[278] RODRÍGUEZ, op. cit., p. 141.

zir dano a outrem. O agente deve ter conhecimento de que o fato é secreto e que inexiste justa causa para sua revelação,[279] bem como deve estar ciente de que a revelação possa produzir dano a outrem. Inexiste elemento subjetivo especial.

5.2.3. *Modalidade culposa*

Não há previsão típica da forma culposa.

5.2.4. *Qualificadoras e causas de aumento de pena*

Não há previsão típica de qualificadoras nem de causas de aumento de pena.

5.2.5. *Pena e questões processuais*

Comina-se pena alternativa de detenção, de três meses a um ano, ou multa. A conciliação, a transação e a suspensão condicional são cabíveis nos termos dos arts. 72 a 74, 76 e 89, respectivamente, da Lei 9.099/95.

A ação penal é pública condicionada à representação do ofendido (art. 154, parágrafo único, do CP).

5.3. *Análise jurisprudencial*

Primeiramente, a jurisprudência vem respaldando a ideia de que a obrigatoriedade do segredo profissional do médico não tem caráter absoluto, mas a sua quebra para fins de requisição judicial depende das circunstâncias e particularidades do caso concreto. A requisição judicial, por si só, não é considerada "justa causa", motivo pelo qual muitas vezes a exigência de revelação do segredo médico por este meio constitui constrangimento ilegal como se pode perceber nas seguintes decisões:

> 1) Segredo profissional. Constitui constrangimento ilegal a exigência de revelação de sigilo e participação de anotação constante das clínicas e hospitais. *Habeas Corpus* concedido. (STF – HC 39.308/SP, 1962)
>
> 2) Segredo Profissional. A obrigatoriedade do sigilo profissional do médico não tem caráter absoluto. A matéria, pela sua delicadeza, reclama diversidade de tra-

[279] CAPEZ, op. cit., p. 366.

tamento diante das particularidades de cada caso. A revelação do segredo médico em caso de investigação de possível abortamento criminoso faz-se necessária em termos, com ressalvas do interesse do cliente. Na espécie o hospital pos a ficha clínica a disposição de perito médico, que "não estará preso ao segredo profissional, devendo, entretanto, guardar sigilo pericial" (artigo 87 do código de ética médica). Por que se exigir a requisição da ficha clinica? Nas circunstâncias do caso o nosocômio, de modo cauteloso, procurou resguardar o segredo profissional. Outrossim, a concessão do "writ", anulando o ato da autoridade coatora, não impede o prosseguimento regular da apuração da responsabilidade criminal de quem se achar em culpa. Recurso extraordinário conhecido, em face da divergência jurisprudencial, e provido. Decisão tomada por maioria de votos. (STF – RE 91.218/SP, 1981)

3) Embora a obrigatoriedade do sigilo profissional não se apresente em caráter absoluto, admitindo exceções, também esbarra em restrições o poder ou faculdade da autoridade em requisitar informes ou elementos para instruir processos criminais. Assim, não se cuidando de crimes relacionados com a prestação de socorro médico ou de moléstia de comunicação compulsória, em que fica o profissional desonerado do aludido sigilo, é de se ter por subsistente cuidando-se de tratamentos particulares, seja no tocante à espécie de enfermidade, seja quanto ao diagnóstico ou à terapia aplicada. Em sendo, contudo, a questão sumamente delicada, somente com a apreciação de cada caso concreto poder-se-á concluir pela obrigatoriedade ou não de se atender à requisição judicial ou pela legitimidade da recusa em fornecer os dados pedidos, considerando-se em tal exame o relacionamento direto ou não com a infração objeto do processo, a existência ou não de um justificado estado de necessidade de informação e a existência ou não de outros meios adequados à obtenção dos informes (TACRIM/SP – HC – JUTACRIM 38/55).[280]

Por outro lado, alguns julgados entendem que o sigilo profissional do médico sofre exceções que estão previstas no Código de Ética médica, além do que o sigilo serviria mais para proteger o paciente do que o próprio médico.

1) Recurso em mandado de segurança. Administrativo e criminal. Requisição de prontuário. Atendimento a cota ministerial. Investigação de queda acidental. Arts. 11, 102 e 105 do Código de Ética. Quebra de sigilo profissional. Não verificação. O sigilo profissional não é absoluto, contém exceções, conforme depreende-se da leitura dos respectivos dispositivos do Código de Ética. A hipótese dos autos abrange as exceções, considerando que a requisição do prontuário médico foi feita pelo juízo, em atendimento à cota ministerial, visando apurar possível prática de crime contra a vida. Precedentes análogos. Recurso desprovido. (STJ – RMS 11.453/SP, 2003)

2) Administrativa. Mandado de segurança. 'Quebra de sigilo profissional'. Exibição judicial de ficha clínica a pedido da própria paciente. Possibilidade, uma vez que o "art. 102 do código de ética médica", em sua parte final, ressalva a autorização. O

[280] FRANCO *et al.*, *Código penal e sua interpretação jurisprudencial*, p. 1.858.

sigilo é mais para proteger o paciente do que o próprio médico. Recurso ordinário não conhecido. (STJ – RMS 5821/SP, 1996)

Como já referido, o sigilo profissional do médico não é absoluto, e sim relativo. Mas a regra é o sigilo ser mantido o mais rigorosamente possível, cabendo medidas jurídicas (mandado de segurança, *habeas corpus*, recurso extraordinário) ao médico para abster-se de violar o sigilo profissional por solicitação ou determinação de alguma autoridade administrativa ou judiciária. Além disso, a Resolução CFM 1.605/00 prevê em seu artigo 8º que sempre que houver conflito no tocante à remessa ou não dos documentos à autoridade requisitante, o médico deverá consultar o Conselho de Medicina, onde mantém sua inscrição, quanto ao procedimento a ser adotado.

Por fim, é importante destacar a ressalva que faz Bitencourt quanto ao dever de sigilo que deve ser preservado nos casos de intimação dos médicos para "prestar informações" ou "esclarecimentos", artimanhas utilizadas por determinadas autoridades com o fim de burlar a proteção legal.[281] Quanto a este ponto, Barros refere que o que mais tem atormentado nossos tribunais no tocante ao sigilo médico não é propriamente o seu depoimento testemunhal em juízo, mas sim os desentendimentos que derivam da recusa por parte de médicos e diretores de hospitais em atender as requisições feitas por juízes para que sejam apresentadas as fichas clínicas de pacientes e prontuários médicos.[282]

[281] BITENCOURT, 2007, op. cit., p. 450.

[282] BARROS, op. cit., *passim*.

6. Esterilização humana e direito penal: comentários sobre a Lei 9.263/96

6.1. Comentários gerais

A esterilização humana avulta cada vez mais em nossos dias como uma forma usual de contracepção e de planejamento familiar. Desde há alguns anos o planejamento familiar – programa que tem como objetivo elevar o padrão de saúde e de bem-estar da população – incluiu-se nos programas oficiais de saúde pública com o intuito de ajudar – mediante conselhos e serviços especializados – às famílias a tomar decisões no sentido de limitar e controlar o número de filhos; e, mais amplamente, a resolver o problema de explosão demográfica da população em geral, sobretudo em relação aos países em desenvolvimento, que vêm apresentando altos índices de taxa de natalidade.[283]

O controle eficaz da concepção trouxe à sociedade um avanço incontestável, na medida em que, dentre outras questões, facilitou à mulher sua emancipação e participação no mercado de trabalho e permitiu às famílias, mediante o planejamento, a adequação entre o número de filhos e suas condições econômicas. Também carreou mudanças de mentalidade e costumes, como a liberalidade da prática sexual, sobretudo nos mais jovens, o que se traduziu, paradoxalmente, não por um maior controle da natalidade, mas sim por um aumento de gestações indesejadas ou abortos entre as adolescentes.[284]

---

[283] Cf. TAYLOR, in: Calderone, *Tecnicas anticoncepcionales*, p. 1.

[284] KUNDE, A. *et al.*, in: Freitas *et al.*, *Rotinas em ginecologia*, p. 219.

A família, base da sociedade, tem especial proteção do Estado (CF, art. 226). Por conseguinte, o planejamento familiar (e consequentemente a contracepção) é um direito da mulher ou do casal, que inclui o direito de escolher o método mais adequado às suas necessidades e ao período da vida em que se encontrem. É um direito humano inalienável[285] dos pais ter filhos no momento e nas condições que considerarem adequadas, esperando-se, todavia, que isso ocorra de forma responsável. Aliás, a própria CF preceitua que "fundado nos princípios da dignidade da pessoa humana e da paternidade responsável, o planejamento familiar é livre decisão do casal, competindo ao Estado propiciar recursos educacionais e científicos para o exercício desse direito, vedada qualquer forma coercitiva por parte de instituições oficiais ou privadas".[286] Ademais, a Lei do planejamento familiar (Lei 9.263/96) – que regula o § 7º do art. 226 da CF – ratifica que o planejamento familiar é direito de todo cidadão (art. 1º), entendendo-se este direito como "o conjunto de ações de regulação da fecundidade que garante direitos iguais de constituição, limitação ou aumento da prole pela mulher, pelo homem ou pelo casal" (art. 2º). Por outro lado, para o exercício do direito ao planejamento familiar, serão oferecidos todos os métodos e técnicas de concepção e contracepção cientificamente aceitos e que não coloquem em risco a vida e a saúde das pessoas, garantida a liberdade de opção (art. 9º).[287] Veda-se, portanto, qualquer tipo de prática que vise a um controle demográfico arbitrário, permitindo-se apenas a esterilização voluntária sob certas condições (art. 10). Além do mais, e inserido dentro de uma visão de atendimento global e integral à saúde (mais especificamente, saúde reprodutiva), as instâncias gestoras do Sistema Único de Saúde são obrigadas a garantir atividades básicas relacionadas ao homem, à mulher e ao casal, entre outras: a assistência à concepção; atendimento pré-natal; assistência ao parto, ao puerpério e ao neonato; controle das doenças sexualmente transmissíveis; controle e prevenção do câncer

[285] A propósito, a Declaração Universal dos Direitos Humanos (1948) estabelece no art. 16 (1) que o respeito pela dignidade humana passa pelo respeito fundamental do direito à procriação.

[286] V. CF, art. 226, § 7º

[287] Neste sentido, o Código de Ética Médica (art. 67) estabelece ser vedado ao médico: "desrespeitar o direito do paciente de decidir livremente sobre método contraceptivo ou conceptivo, devendo o médico sempre esclarecer sobre a indicação, a segurança, a reversibilidade e o risco de cada método".

cérvico-uterino, do câncer de mama e do câncer de pênis (art. 3º, parágrafo único, I, II, II, IV e V).[288]

6.1.1. Contracepção e esterilização

A anticoncepção (ou contracepção) humana pode ser classificada de três formas: a) anticoncepção não hormonal; b) anticoncepção hormonal; e c) anticoncepção irreversível.[289]

A anticoncepção não hormonal subdivide-se em métodos comportamentais e métodos de barreira. Entre os métodos comportamentais encontram-se a abstinência sexual periódica (ritmo/tabela/calendário/Ogino-Kanaus, temperatura basal, muco cervical ou método Billing, sintotérmico e ducha vaginal) e a ejaculação extra-vaginal (coito interrompido, sexo oral, sexo anal). Já entre os métodos de barreira podemos citar os seguintes: preservativo masculino, preservativo feminino, diafragma, capuz cervical, espermaticidas, esponjas e DIU.

Por sua vez, a anticoncepção hormonal pode ser via oral (anticoncepcionais combinados – estrogênio/progestagênio –, anticoncepcionais só de progestagênios e anticoncepção de emergência) ou via parental (via intramuscular, via vaginal – anel vaginal –, via transdérmica – adesivo semanal –, via subdérmica – implantes –, e via intra-uterina – SIU-LNG 20).

Enfim, a anticoncepção denominada irreversível (ou permanente) consiste na esterilização propriamente dita.

A esterilização num sentido amplo está ligada à política de controle da procriação (e mais indiretamente à taxa de natalidade), seja por parte do casal (futuros pais), dos médicos, ou da própria sociedade.[290] No entanto, diferentemente de outros meios contraceptivos que supõem uma privação temporária da capacidade re-

---

[288] A Lei 9.656/98, que dispõe sobre planos e seguros privados de assistência à saúde, obriga à cobertura do atendimento nos casos de planejamento familiar (art. 35-C, III – alterado pela Lei 11.935/09). Ademais, relativamente ao SUS, há ainda as Portarias SAS/MS 48/99 e SAS/MS 85/99, que estabelecem normas e procedimentos dos Sistemas de Informações Hospitalares (SIH) do SUS, e a obrigatoriedade do preenchimento do módulo de informações sobre procedimentos de esterilização, respectivamente, a fim de se obter uma base de dados e mecanismos de fiscalização que permitam a avaliação, planejamento e execução das ações de planejamento familiar pelas instâncias gestoras do SUS.

[289] Cf. KUNDE *et al.*, in: Freitas *et al.*, *Rotinas em ginecologia*, 220.

[290] Nesse sentido, PARIZEAU, in: Hottois; Parizeau, *Dicionário da bioética*, p. 202-203.

produtiva, a esterilização visa a privar de forma presumidamente permanente ou duradoura esta mesma capacidade.[291]

A esterilização é um método contraceptivo não natural (artificial) que tem como finalidade suprimir a capacidade procriativa do ser humano, sem modificar, no entanto, as suas funções sexuais ou endócrinas.[292] É uma intervenção biomédica que visa a impedir a gravidez e/ou a reprodução humana, podendo ser de natureza terapêutica ou não terapêutica. Esterilização terapêutica é a intervenção indicada medicamente quando a procriação/gravidez possa se constituir numa ameaça à vida, à saúde ou ao bem-estar físico ou mental do paciente. Trata-se de um tratamento curativo que exclui a tipicidade (por configurar hipótese de risco permitido) ou a ilicitude (por caracterizar-se como um exercício regular de direito, art. 23, III, do CP) da conduta do médico,[293] desde que haja o devido consentimento da vítima (paciente).[294] Enquanto a esterilização não terapêutica é aquela intervenção indicada por razões de conveniência social, política ou econômica, para fins lícitos (p. ex., evitar a gravidez, planejamento familiar) ou ilícitos (p. ex., de eugenia,[295] controle demográfico arbitrário). Logicamente, a esterilização não terapêutica ilícita não merece qualquer respaldo ético e/ou jurídico, devendo ser repudiada, inclusive penalmente, pelo ordenamento jurídico, já que atenta contra a dignidade humana.

---

291 Vide ROMEO CASABONA, *El derecho y la bioetica*, p. 260.

292 Nesse sentido, PARIZEAU, in: Hottois; Parizeau, *Dicionário da bioética*, p. 202. A esterilização distingue-se da castração, pois nesta intervenção são extirpadas as gônadas sexuais alterando-se as funções sexuais ou endócrinas. Cf. HEYWINKEL; SCHUPPE; BECK, in: Korff; Beck; Mikat, *Lexikon der Bioethik*, p. 461.

293 Como referido acima (capítulo1), na doutrina nacional prevalece a opinião de que as intervenções biomédicas em geral são causas (justificantes) de exercício regular de direito.

294 Todavia, não resulta constrangimento ilegal a intervenção médica ou cirúrgica, sem o consentimento do paciente ou de seu representante legal, se justificada por iminente perigo de vida (CP, art. 146, § 3°, I).

295 Para DINIZ (*O estado atual do biodireito*, p. 144-145), a "esterilização eugênica é a que se opera para impedir a transmissão de moléstias hereditárias, evitando prole inválida ou inútil, e para prevenir a reincidência de delinquentes portadores de desvio sexual". Adverte a autora que "no Brasil não é permitida a esterilização eugênica, diante do disposto no art. 5°, XLVII, *e*, da Constituição, que veda a imposição de penas cruéis, tornando inadmissíveis a castração e a esterilização, ainda que o criminoso tenha cometido delito impulsionado por um desvio de sexualidade". Aduz ainda DINIZ que "o ser humano não deve ser tratado como animal, nem selecionado para fins procriativos. A esterilização de anormais e criminosos seria uma forma de vil afronta à dignidade do ser humano" (idem, ibidem).

6.1.2. Esterilização feminina

A esterilização feminina (Anticoncepção Cirúrgica Voluntária – ACV –, ou Laqueadura/Ligadura Tubária – LT) é um método anticoncepcional muito eficaz, seguro e permanente para mulheres que não desejam ter mais filhos.[296] A LT consiste na obstrução do lúmen tubário, impedindo o encontro dos gametas femininos e masculinos; o local ideal para o procedimento cirúrgico é a região ístmica.[297] As técnicas de obstrução tubária são as mais variadas: Uchida (abertura da serosa da tuba, secção e ligadura isolada, sem sepultamento dos cotos), Pomeroy (liga-se a tuba em forma de alça, seccionando-se a parte distal da alça), Madlener (liga-se a tuba em forma de alça, após esmagá-la com pinça de Kelly sem seccionar-se a parte distal da alça), clipes especiais – clipes de Hulka – (coloca-se um ou dois clipes na região ístmica), anéis de silástico de Yoon (coloca-se um ou dois anéis no acotovelamento da região ístmica da tuba); eletrocoagulação bipolar (faz-se a coagulação na região ístmica da tuba, sem lesar o meso);[298] ooforectomia ou ovariectomia bilateral (ablação dos ovários); histerectomia[299] (ablação do útero) e salpingectomia total (ablação das trompas de Falópio).[300] Enfim, os dois procedimentos de acesso comumente indicados para a esterili-

---

[296] Embora a esterilização feminina seja reversível, o procedimento cirúrgico é difícil, caro e não é realizado na maioria dos lugares. O sucesso de tal intervenção não é garantido, e as mulheres que ainda pensam em ter filhos no futuro devem escolher outro método anticoncepcional (HATCHER, *Pontos essenciais da tecnologia de anticoncepção*, p. 9-5; 9-22).

[297] KUNDE *et al.*, in:Freitas *et al.*, *Rotinas em ginecologia*, p. 224

[298] Idem, ibidem. Sobre as técnicas empregadas v. também PINHO NETO *et al.*, in: Andrade *et al.*, *Contracepção*, p. 168-169.

[299] Segundo PINHO NETO *et al.*, a histerectomia não deve mais ser utilizada como método cirúrgico na anticoncepção feminina devido às frequentes complicações, quando comparada a outros métodos. Contudo – acentuam os autores –, em casos excepcionais, na presença de alguma patologia uterina associada (mioma, prolapso genital, etc.) a histerectomia pode ser indicada como método contraceptivo (PINHO NETO *et al.*, in: Andrade *et al.*, *Contracepção*, p. 168)

[300] V. WOOD, in: Calderone, *Tecnicas anticoncepcionales*, p. 228. Para PINHO NETO *et al.* (in: Andrade *et al.*, *Contracepção*, p. 167), não há nenhuma razão para se realizar a salpingectomia bilateral com fins anticonceptivos, pois, pelo contrário, com esse procedimento lesa-se o sistema vascular, determinando uma disfunção ovariana.

zação feminina são a minilaparotomia[301] e a laparoscopia,[302] e ambas são intervenções cirúrgicas simples, que podem ser realizadas com anestesia local e sedação leve, ou então com anestesia geral (menos frequente).

6.1.3. Esterilização masculina

A vasectomia (esterilização masculina ou anticoncepção cirúrgica masculina) é um método anticoncepcional permanente indicado a homens que não desejam ter mais filhos. Trata-se de uma intervenção cirúrgica[303] simples, segura, eficaz, rápida e permanente,[304] com anestesia local, podendo ser realizada em ambulatório. "Não é castração. Não afeta os testículos e não afeta o desempenho

[301] Trata-se de "uma incisão transversa suprapúbica, não maior do que três centímetros, com a mulher na posição ginecológica, em Trandelenburg e os joelhos situados na mesma altura o abdome. A cirurgia é precedida da colocação intracervical da alavanca de Vitoon, que tem as funções de elevar e orientar o útero" (PINHO NETO *et al.*, in: Andrade *et al.*, *Contracepção*, p. 166).

[302] HATCHER *et al.*, *Pontos essenciais da tecnologia de anticoncepção*, p. 9-3. Segundo PASSOS *et al.* (in: Freitas *et al.*, *Rotinas em ginecologia*, p. 257), "a esterilização tubária é a cirurgia via laparoscópica mais realizada em todo mundo, devido à sua relativa facilidade de execução e interesse de contracepção definitiva (...).É um procedimento relativamente fácil e seguro, as complicações são pouco freqüentes e a morbidade é mínima". Sobre o procedimento de laparoscopia, HATCHER *et al.* (*Pontos essenciais da tecnologia de anticoncepção*, p. 9-14) descrevem o seguinte roteiro: 1) a paciente recebe sedação leve (comprimidos, por via oral, ou medicação endovenosa) para relaxar. O anestésico local é injetado no abdômen logo abaixo da cicatriz umbilical (...) Uma agulha especial é colocada na cavidade abdominal da mulher e através da agulha, o abdômen é inflado com ar ou gás. Isso tem a finalidade de separar a parede abdominal dos órgãos internos. 2) Uma pequena incisão (2cm) é feita na área anestesiada logo abaixo da cicatriz umbilical e o médico insere um laparoscópio (tubo especial, fino e longo contendo lentes, através das quais pode-se ver dentro do corpo e localizar as trompas de Falópio).

[303] Todavia, há técnicas, como a chinesa por exemplo, que prescindem do bisturi para realizar a vasectomia. Sobre isso, v. CASTRO, in: Andrade *et al.*, *Contracepção*, p. 186.

[304] Cf. HATCHER *et al.*, op. cit., p. 10-1; 10-3. Por outro lado, advertem os autores que, embora seja possível reverter a vasectomia, a reversão nem sempre resulta em capacidade para engravidar a parceira, além do que é um procedimento trabalhoso, caro e muito difícil de se encontrar profissionais que o façam, sugerindo-se que os homens que desejam ter mais filhos futuramente devem escolher outro método anticoncepcional. (HATCHER *et al.*, *Pontos essenciais da tecnologia de anticoncepção*, p. 10-17). Nesse sentido, afirmam KUNDE *et al.* (in: Freitas *et al.*, *Rotinas em ginecologia*, p. 224) que "a contracepção cirúrgica, tanto masculina como feminina, deve ficar reservada a casais que têm a sua prole completa e estão absolutamente conscientes de que é um método irreversível".

sexual".[305] Em virtude de sua alta confiabilidade e segurança, a esterilização cirúrgica masculina é um dos métodos de planejamento familiar que mais vem ganhando adeptos[306] hoje em dia. Segundo Ferber, "vasectomia é um método operatório simples, no qual se impede mecanicamente a passagem de espermatozóides pelo canal deferente até alcançar os canais ejaculadores e a uretra prostática. É eficaz em aproximadamente 100 por 100 dos casos depois de um período adequado", além do que a libido e a potência não se alteram.[307] Noutras palavras, ao serem obstruídos pelo médico os canais deferentes – tubos finos que saem dos testículos –, que estão localizados dentro do saco escrotal, impede-se que os espermatozóides produzidos sejam expelidos durante a ejaculação, já que serão reabsorvidos pelo organismo, evitando-se assim a gravidez.

6.2. Esterilização penalmente irrelevante (permitida)

O ordenamento jurídico brasileiro permite a esterilização (masculina ou feminina) *voluntária*. Todavia, esta permissão legal exige o cumprimento de certas condições para que a esterilização não se torne criminosa.

Segundo o art. 10 da Lei 9.263/96, a esterilização voluntária é lícita apenas nas seguintes situações: a) em homens e mulheres com capacidade civil plena e maiores de 25 anos de idade, ou pelo menos com dois filhos vivos (inciso I); e b) quando ofereça risco à vida ou à saúde da mulher ou do futuro concepto (inciso II). Estas duas situações ainda pressupõem algumas outras condições subsidiárias. Quanto à primeira (a), é necessário que seja observado o prazo de 60 dias entre a manifestação da vontade e o ato cirúrgico, período no qual será propiciado à pessoa interessada acesso a serviço de regulação de fecundidade, incluindo aconselhamento por equipe multidisciplinar, visando a desencorajar a esterilização precoce (inciso I). No que se refere à segunda (b), exige-se um relatório escrito e assinado por dois (2) médicos.

[305] HATCHER *et al.*, *Pontos essenciais da tecnologia de anticoncepção*, p. 10-3.

[306] CASTRO, in: Andrade *et al.*, *Contracepção*, p. 175.

[307] FERBER, in: Calderone, *Tecnicas anticoncepcionales*, p. 238.

Por fim, há outras condições complementares que são comuns para que se realizem as esterilizações mencionadas nos incisos I e II. São elas: 1) o registro de expressa manifestação da vontade em documento escrito e firmado, após a informação a respeito dos riscos da cirurgia, possíveis efeitos colaterais, dificuldades de sua reversão e opções de contracepção reversíveis existentes; todavia, não será considerada a manifestação de vontade expressa durante a ocorrência de alterações na capacidade de discernimento por influência de álcool, drogas, estados emocionais alterados ou incapacidade mental temporária ou permanente (§§ 1° e 3°, respectivamente); 2) vedação da esterilização cirúrgica em mulher durante os períodos de parto ou aborto, exceto nos casos de comprovada necessidade, por cesarianas sucessivas anteriores (§ 2°); 3) a esterilização somente será executada através de laqueadura tubária, vasectomia ou de outro método cientificamente aceito, sendo vedada através de histerectomia e ooferectomia (§ 4°); 4) na vigência da sociedade conjugal, a esterilização depende do consentimento expresso de ambos os cônjuges (§ 5°); 5) a esterilização em pessoas absolutamente incapazes somente poderá ocorrer mediante autorização judicial, regulamentada na forma da Lei (§ 6°).

6.3. Esterilização penalmente relevante (proibida)

A esterilização torna-se penalmente relevante quando não forem observadas as aludidas condições previstas na Lei 9.263/96 (artigo 10, I e II, e seus parágrafos). Assim, a esterilização cirúrgica (voluntária) será criminosa se realizada: a) desrespeitando-se o prazo de 60 dias entre a manifestação da vontade e o ato cirúrgico (período de reflexão para a tomada de decisão definitiva); b) em mulher durante os períodos de parto ou aborto, exceto nos casos de comprovada necessidade, por cesarianas sucessivas anteriores; c) desacompanhada do relatório escrito testemunhado e assinado por dois médicos; d) através de histerectomia e ooforectomia; e) sem o consentimento de ambos os cônjuges quando exista vigência de sociedade conjugal; f) em pessoas incapazes sem autorização judicial.

Se a esterilização ocorrer em desacordo com o supramencionado artigo, o agente será punido com uma pena de reclusão, de 2 a 8 anos, e multa, se a prática não constituir crime mais grave (art. 15 da Lei 9.263/96). Além disso, há previsão de causas de aumento de pena no caso de acontecer alguma das hipóteses previstas nos incisos I, II, III e IV do parágrafo único do art. 15. No entanto, entendemos que estas causas de aumento de pena são inaplicáveis por corresponderem exatamente às mesmas situações já elencadas no art. 10 e referidas anteriormente (vide art. 10, II, §§ 2°, 3°, 4° e 5°, respectivamente) incorrendo o legislador em claro *bis in idem*, o que é inadmissível em sede de direito penal, pois ninguém pode ser punido mais de uma vez pela prática do mesmo crime. Assim, vislumbra-se como única situação passível de aumentar em um terço a pena prevista no art. 15 aquela estipulada no inciso V do seu parágrafo único, ou seja, realizar esterilização cirúrgica "através de cesária indicada para fim exclusivo de esterilização".

Por outro lado, o médico deve notificar à autoridade sanitária todas as esterilizações que realizou sob pena de incorrer no crime omissivo (próprio) do art. 16. Outrossim, é proibida penalmente a instigação ou induzimento à prática de esterilização (art. 17). Se isto ocorrer tendo como vítima a coletividade, aplicar-se-á o disposto na Lei 2.889/56 (crime de genocídio), conforme estabelece o parágrafo único do artigo 17 da Lei 9.263/96. Enfim, é punida a conduta de quem exigir atestado de esterilização para qualquer fim (art. 18). Em relação a este último crime, cabe frisar que a Lei 9.029/95 proíbe a adoção de qualquer prática discriminatória e limitativa para efeito de acesso à relação de emprego, ou sua manutenção, por motivo de sexo, origem, raça, cor, estado civil, situação familiar ou idade (art. 1), constituindo-se crimes as seguintes práticas discriminatórias: a) exigência de teste, exame, perícia, laudo, atestado, declaração ou qualquer outro procedimento relativo à esterilização ou a estado de gravidez; e b) adoção de quaisquer medidas, de iniciativa do empregador, que configurem a indução ou instigamento à esterilização genética e a promoção do controle de natalidade[308] (art. 2°, I e II, *a* e *b*, respectivamente).

Afora estes casos estipulados na Lei 9.263/96, que regula a esterilização *voluntária*; e na Lei 9.029/95, que regula a esterilização *discriminatória*; existe ainda a possibilidade de ocorrer a chamada

[308] De acordo com o art. 2, II, *b*, não se considera "promoção do controle de natalidade", o oferecimento de serviços e de aconselhamento ou planejamento familiar, realizados através de instituições públicas ou privadas, submetidas às normas do Sistema Único de Saúde (SUS).

esterilização *não voluntária* (ou *arbitrária*), isto é, sem se obter o consentimento do ofendido (paciente). Diferentemente das anteriores, esta modalidade de esterilização cirúrgica será então tipificada como lesão corporal grave (art. 129, § 1º, *c,* do CP), se resultar debilidade permanente da função reprodutiva; ou como lesão corporal gravíssima (art. 129, § 2º, do CP), se resultar inutilização da função reprodutiva. Isso, aliás, é o que preconiza a própria Lei 9.263/96 (art. 22), estabelecendo expressamente que se aplica subsidiariamente o mencionado artigo (e respectivos parágrafos) do Código penal.

6.4. Responsabilidade penal da pessoa jurídica?

Cabe ainda questionar se o legislador trouxe uma inovação com a edição da lei em tela no que se refere ao sujeito ativo do crime. Noutras palavras, trata-se de indagar se a lei admite a responsabilização penal da pessoa jurídica pela prática dos crimes nela elencados; e, se afirmativo, se isso é ou não constitucional perante o ordenamento jurídico brasileiro.

Inicialmente, quanto ao primeiro ponto, o art. 20 da Lei 9.263/96 estabelece que "as instituições a que se refere o artigo anterior sofrerão as seguintes sanções, sem prejuízo das aplicáveis aos agentes do ilícito, aos co-autores ou aos partícipes: I – se particular a instituição: a) de duzentos a trezentos e sessenta dias-multa e, se reincidente, suspensão das atividades ou descredenciamento (...); b) proibição de estabelecer contratos ou convênios com entidades públicas e de se beneficiar de créditos oriundos de instituições governamentais ou daquelas em que o Estado é acionista; II – se pública a instituição, afastamento temporário ou definitivo dos agentes do ilícito, dos gestores e responsáveis dos cargos ou funções ocupados, sem prejuízo de outras penalidades".

Numa exegese literal, verifica-se que tal dispositivo legal efetivamente prevê sanções de natureza penal, mais precisamente uma pena de multa (I, *a*) e duas penas restritivas de direitos (I, *b,* e II). Por outro lado, observando as sanções penais previstas, constata-se que, enquanto o inciso II é aplicável apenas à pessoa física ou natural, o inciso I aplica-se exclusivamente à pessoa jurídica de direito privado. Assim, percebe-se, sem sombra de dúvidas, que a Lei 9.263/96, de forma até então inédita no ordenamento jurídico-penal pátrio, introduziu a possibilidade de responsabilização penal da pessoa jurídica. Contudo, resta ainda examinar se esta previsão jurídica é constitucional.

No plano constitucional, a responsabilidade penal da pessoa jurídica está consagrada na CF/88 (art. 225, § 3º), especificamente no que tange aos crimes ambientais, *in verbis*: "as condutas e atividades consideradas lesivas ao meio ambiente sujeitarão os infratores, pessoas físicas ou jurídicas, a sanções penais e administrativas, independentemente da obrigação de reparar os danos causados".[309] De outra banda, o art. 173, § 5º da CF preconiza que "a lei, se prejuízo da responsabilidade individual dos dirigentes da pessoa jurídica, estabelecerá a responsabilidade desta, sujeitando-a às punições compatíveis com a sua natureza, nos atos praticados contra a ordem econômica e financeira e contra a economia popular". No entanto, as respectivas legislações penais que regulamentam esta última norma constitucional, ao contrário da legislação anterior, se omitem a respeito da responsabilização penal da pessoa jurídica. Por fim, além destas, inexistem outras normas constitucionais que tratem especificamente da responsabilização (penal) da pessoa jurídica.

Diante disso, embora seja possível responsabilizar penalmente a pessoa jurídica por crimes de esterilização nos termos do art. 20 da Lei 9.263/96, a constitucionalidade deste preceito legal parece duvidosa, sobretudo porque inexistem dispositivos constitucionais que respaldem a matéria em tela de modo específico (responsabilização penal da pessoa jurídica nas intervenções cirúrgicas de esterilização). Diferentemente do que ocorre com as matérias anteriormente mencionadas (meio ambiente, atos praticados contra a ordem econômica e financeira), não há uma indicação expressa do constituinte nesse sentido no que toca à esterilização. Mesmo que, de modo genérico, o referido artigo 20 esteja afinado com o texto constitucional, a sua constitucionalidade pode considerar-se em tese discutível, tendo em vista o princípio da legalidade (CF, art. 5º, XXXIX), pois o emprego da analogia só pode servir para favore-

[309] Embora ainda muito discutida na doutrina e na jurisprudência, a responsabilização penal da pessoa jurídica por crimes ambientais está prevista expressamente na Lei 9.605/98 (art. 3º).

cer o réu (analogia *in bonam partem*),[310] e não o contrário (analogia *in malam partem*). De qualquer forma, porém, resta evidente que a responsabilidade penal da pessoa jurídica está amparada constitucionalmente em nosso país.

6.5. Comentários dogmáticos

Por fim, pretendendo ser didáticos e pragmáticos, vamos tecer breves comentários dogmáticos (anotações) a respeito dos tipos penais previstos na aludida lei brasileira de esterilização humana. Para tanto, a análise tem como base as seguintes categorias jurídico-penais: tipo objetivo, tipo subjetivo, modalidade culposa, qualificadoras e causas de aumento de pena, pena e questões processuais.

6.5.1. Art. 15 da Lei 9.263/96 (Esterilização cirúrgica irregular)

Art. 15. Realizar esterilização cirúrgica em desacordo com o estabelecido no art. 10 desta Lei.

Pena – reclusão, de 2 (dois) a 8 (oito anos), e multa, se a prática não constitui crime mais grave.

Parágrafo único. A pena é aumentada de um terço se a esterilização for praticada:

I – durante os períodos de parto ou aborto, salvo o disposto no inciso II do art. 10 desta Lei;

II – com manifestação da vontade do esterilizado expressa durante a ocorrência de alterações na capacidade de discernimento por influência de álcool, drogas, estados emocionais alterados ou incapacidade mental temporária ou permanente;

III – através de histerectomia e ooforectomia;

IV – em pessoa absolutamente incapaz, sem autorização judicial;

V – através de cesária indicada para fim exclusivo de esterilização.

6.5.1.1. Tipo objetivo

Bem jurídico: *a* integridade física *e a* saúde; e, subsidiariamente, *a* saúde pública.

Sujeito ativo: qualquer pessoa física (crime comum).

Sujeito passivo: o indivíduo.

[310] Sobre a analogia *in bonam partem* no direito penal, v. BITENCOURT, *Tratado de direito penal* (vol.1), p. 196-201.

Conduta: A conduta de *realizar* (efetuar, praticar) só pode se concretizar mediante comissão. Esta comissão tem de estar *em desacordo com o art. 10* da Lei 9.263/96.

Objeto material: o aparelho reprodutivo humano (masculino ou feminino).

Elemento normativo: Esterilização cirúrgica é elemento normativo extrajurídico do tipo. Já a expressão *em desacordo* é elemento normativo negativo do tipo.[311]

Lei penal em branco: os termos *com o estabelecido no art. 10 desta Lei* configuram o tipo como uma lei penal em branco (imprópria), pois o complemento do tipo está contido na própria norma em exame.

Consumação e tentativa: trata-se de crime material, que exige a ocorrência do resultado naturalístico (inutilização ou debilidade da função reprodutiva). A tentativa é admissível.

Resultado jurídico: trata-se de crime de dano (lesão).

6.5.1.2. *Tipo subjetivo*

Dolo: representado pela vontade e consciência de realizar o tipo objetivo. O dolo pode ser direto ou eventual.

Elemento subjetivo especial: inexiste.

6.5.1.3. *Modalidade culposa*

Não há previsão típica da forma culposa.

6.5.1.4. *Qualificadoras e causas de aumento de pena*

Há previsão de cinco causas de aumento de pena. No entanto, como foi dito acima, as quatro primeiras causas de aumento (incisos I, II, III e IV) são inaplicáveis por configurarem inadmissível *bis in idem* em relação ao disposto no *caput* do art. 15. A única hipótese aplicável é aquela prevista no inciso V.

---

311 A propósito dos elementos normativos negativos do tipo, v. SPORLEDER DE SOUZA, *Revista Jurídica* (2006), p. 73 e ss.

6.5.1.5. *Pena e questões processuais*

Comina-se pena de reclusão, de dois a oito anos, e multa. Todavia, aumenta-se a pena de 1/3 se a esterilização for praticada através de cesária indicada para fim exclusivo de esterilização (inciso V). Também são aplicáveis à pessoa jurídica as penas previstas no art. 20 (I, *a* e *b*).

A ação é pública incondicionada. A suspensão condicional é incabível em razão da pena mínima abstratamente prevista ser de dois anos.

6.5.2 . *Art. 16 da Lei 9.263/96 (Omissão de notificação de esterilização)*

Art. 16. Deixar o médico de notificar à autoridade sanitária as esterilizações cirúrgicas que realizar.
Pena – detenção, de 6 (seis) meses a 2 (dois) anos, e multa.

6.5.2.1. *Tipo objetivo*

Bem jurídico: a saúde pública.

Sujeito ativo: o médico (crime próprio).

Sujeito passivo: a coletividade.

Conduta: a ação *deixar de notificar* (deixar de comunicar), só pode ser praticada mediante omissão (crime omissivo puro).

Objeto material: o aparelho reprodutivo humano (masculino ou feminino).

Elemento normativo: Esterilizações cirúrgicas é elemento normativo extrajurídico do tipo. Já a expressão *autoridade sanitária* é elemento normativo jurídico do tipo.

Lei penal em branco: inexiste.

Consumação e tentativa: trata-se de crime de mera conduta (mera inatividade), que se consuma com a simples omissão de notificação. A tentativa é inadmissível.

Resultado jurídico: trata-se de crime de perigo abstrato.

6.5.2.2. Tipo subjetivo

Dolo: representado pela vontade e consciência de realizar o tipo objetivo. O dolo pode ser direto ou eventual.

Elemento subjetivo especial: inexiste.

6.5.2.3. Modalidade culposa

Não há previsão típica da forma culposa.

6.5.2.4. Qualificadoras e causas de aumento de pena

Não há previsão de qualificadoras e de causas de aumento.

6.5.2.5. Pena e questões processuais

Comina-se pena de detenção, de seis meses a dois anos, e multa.

A ação penal é pública incondicionada. A transação penal é cabível, conforme art. 61 c/c art. 76 da Lei 9.099/95. A suspensão condicional do processo também é cabível, nos termos do art. 89 da mencionada lei.

6.5.3. Art. 17 da Lei 9.263/96 (Indução ou instigação à esterilização)

Art. 17. Induzir ou instigar dolosamente a prática de esterilização cirúrgica.
Pena – reclusão, de 1 (um) a 2 (dois) anos.
Parágrafo único. Se o crime for cometido contra a coletividade, caracteriza-se como genocídio, aplicando-se o disposto na Lei 2.889, de 1º de outubro de 1956.

6.5.3.1. Tipo Objetivo

Observação: o parágrafo único do artigo em tela remete ao crime de genocídio, se a indução ou instigação à prática de esterilização cirúrgica forem cometidas "com a intenção de destruir, no todo ou em parte, grupo nacional, étnico, racial ou religioso, como tal" (art. 1 da Lei 2.889/56).

Observação: O art. 17 da Lei 9.263/96 revogou tacitamente a alínea *a* do inciso II do artigo 2 da Lei 9.029/95.

Bem jurídico: a saúde pública.

Sujeito ativo: qualquer pessoa física (crime comum).

Sujeito passivo: a coletividade.

Conduta: As condutas de *induzir* (incitar) ou *instigar* (estimular ideia já existente) só podem ser realizadas mediante comissão.

Objeto material: a pessoa física.

Elemento normativo: a prática de esterilização cirúrgica é elemento normativo extrajurídico do tipo.

Lei penal em branco: inexiste.

Consumação e tentativa: trata-se de crime de mera conduta, que se consuma com a simples indução ou instigação dolosa à prática de esterilização. A tentativa é inadmissível.

Resultado jurídico: trata-se de crime de perigo abstrato.

6.5.3.2. *Tipo subjetivo*

Dolo: representado pela vontade e consciência de realizar o tipo objetivo. O dolo pode ser direto ou eventual.

Elemento subjetivo especial: inexiste.

6.5.3.3. *Modalidade culposa*

Não há previsão típica da forma culposa.

6.5.3.4. *Qualificadoras e causas de aumento de pena*

Inexistem qualificadoras ou causas de aumento de pena.

6.5.3.5. *Pena e questões processuais*

Comina-se pena de reclusão, de um a dois anos. Também são aplicáveis à pessoa jurídica as penas previstas no art. 20 (I, *a* e *b*).

A ação penal é pública incondicionada. A transação penal é cabível, conforme art. 61 c/c art. 76 da Lei 9.099/95, assim como a suspensão condicional do processo, nos termos do art. 89 da referida lei.

6.5.4. Art. 18 da Lei 9.263/96 (Exigência de atestado de esterilização)

Art. 18. Exigir atestado de esterilização para qualquer fim.
Pena – reclusão, de 1 (um) a 2 (dois) anos, e multa.

6.5.4.1. Tipo objetivo

Observação: O art. 18 da Lei 9.263/96 revogou tacitamente o inciso I (no que é pertinente à esterilização apenas) do artigo 2º da Lei 9.029/95.

Bem jurídico: a intimidade e/ou privacidade.

Sujeito ativo: qualquer pessoa física (crime comum).

Sujeito passivo: o indivíduo.

Conduta: A conduta de *exigir* (impor, ordenar, solicitar veementemente) só pode ser praticada mediante comissão.

Objeto material: a pessoa física.

Elemento normativo: Atestado de esterilização é elemento normativo extrajurídico do tipo.

Lei penal em branco: inexiste.

Consumação e tentativa: trata-se de crime formal, sendo dispensável a ocorrência do resultado naturalístico (obtenção do atestado de esterilização). A tentativa é admissível.

Resultado jurídico: trata-se de crime de perigo abstrato.

6.5.4.2. Tipo subjetivo

Dolo: representado pela vontade e consciência de realizar o tipo objetivo. O dolo pode ser direto ou eventual.

Elemento subjetivo especial: a expressão *para qualquer fim* constitui o elemento subjetivo do injusto.

6.5.4.3. Modalidade culposa

Não há previsão típica da forma culposa.

6.5.4.4. Qualificadoras e causas de aumento de pena

Inexistem qualificadoras e causas de aumento de pena.

6.5.4.5. Pena e questões processuais

Comina-se pena de reclusão de um a dois anos, e multa. Também são aplicáveis à pessoa jurídica as penas previstas no art. 20 (I, *a* e *b*).

A ação penal é pública incondicionada. A transação penal é cabível, conforme art. 61 c/c art. 76 da Lei 9.099/95, bem como a suspensão condicional do processo, nos termos do art. 89 da aludida lei.

6.6. Jurisprudência

Apelação criminal – imputação inicial pela prática do delito de aborto qualificado (arts.126 e 127, do CP) – desclassificação para o crime de lesões corporais gravíssimas, descrito no art. 129, § 2º, III, da lei substantiva – alegação de precariedade no conjunto probatório a ensejar a sentença de condenação – inocorrência – acervo coeso a delinear a materialidade e autoria delitiva – submissão da vítima à cirurgia abdominal que culminou na retirada de seu útero (histerectomia) e correlata perda definitiva da função reprodutora – patenteado nexo de causalidade entre a conduta da sentenciada (efetivação de manobras abortivas) e a histerectomia levada a termo – credibilidade das palavras da vítima, haja vista sua similitude e adequação com todo conjunto probatório angariado, bem assim diante da inexistência de quaisquer motivos para que viesse a incriminar falsamente uma desconhecida – consubstanciada ação dolosa praticada pela ré, posto que realizou conduta apta a atingir resultado penalmente relevante, havendo perfeita subsunção ao modelo legal de comportamento proibido tipificado no inc. III, do § 2º, do Art. 129, do estatuto repressivo – decisão mantida – recurso não provido. (TJPR/Apelação Crime n. 0163836-2. Rel.: Ronald Juarez Moro. Data do julgamento: 14/10/2004)

Penal – homicídio culposo – extinção da punibilidade quanto a um dos apelantes – prescrição – ocorrência – lapso prescricional reduzido pela metade – apelante maior de 70 anos à data da sentença – erro médico – configuração – perfuração de cólon em cirurgia de ligadura de trompas – laudo pericial conclusivo reforçado por prova testemunhal e indiciária – recurso improvido. (TJMG/Apelação Criminal n.2.0000.00.479057-4/000(1). Rel.:Hélcio Valentim. Data do jugamento: 09/08/2005)

6.7. Considerações conclusivas

Face ao exposto, pode-se concluir que:

a) a esterilização é uma técnica contraceptiva (irreversível ou permanente) que pode ser muito útil ao planejamento familiar, direito constitucionalmente assegurado a todos os cidadãos brasileiros;

b) no ordenamento jurídico brasileiro, a Lei 9.263/96 – que regula o § 7º do art. 226 da CF – dispõe sobre a esterilização humana, estabelecendo crimes e sanções penais para certos casos.

c) apesar de ter razoável tempo de vigência, tal legislação não foi alvo de maiores comentários pela doutrina jurídico-penal (e muito menos de registros jurisprudenciais), motivo pelo qual se procurou contribuir nesse sentido, analisando-se dogmaticamente cada tipo penal, assim como sua relação com a Constituição Federal e com as demais legislações penais pátrias. Por outro lado, isso também se justifica na medida em que se exige cada vez mais uma maior discussão sobre as repercussões criminais de temas envolvendo medicina e bioética.

d) no plano da dogmática jurídico-penal propriamente dito, os tipos penais previstos na Lei 9.263/96 incriminam condutas ligadas à esterilização voluntária e visam a proteger bens jurídicos (individuais e supraindividuais) relevantes, tais como a saúde pública, a integridade física, a saúde e a intimidade e/ou privacidade. Todos os tipos são dolosos e compostos por elementos normativos (extrajurídicos, jurídicos e negativos). Ademais, embora haja cinco hipóteses de tipos derivados (causas de aumento de pena) previstas no art. 15, somente uma delas é legitimamente aplicável (V), tendo em vista o princípio penal da proibição de dupla punição pelo mesmo crime (*ne bis in idem*). Por fim, de forma inédita, a Lei 9.263/96 admite a possibilidade de responsabilização penal da pessoa jurídica, cominando uma pena de multa e outras duas restritivas de direitos, nos termos do art. 20 (I, *a* e *b*), embora seja discutível a constitucionalidade deste dispositivo legal.

7. Xenotransplante e direito penal

7.1. Comentários gerais

O transplante é uma das mais importantes façanhas na história médica do século XX.[312]

De um modo geral, transplante significa a transferência de órgãos, tecidos ou células de uma pessoa, viva ou morta (doador), para outra pessoa (receptor) ou a outro órgão daquela (pessoa viva), para fins terapêuticos ou experimentais.[313] Diante disso, o transplante pode envolver diferentes indivíduos (alotransplante)[314] ou o mesmo indivíduo (autotransplante).

Tanto o alotransplante como o autotransplante tornaram-se procedimentos médicos de rotina não só para prolongar a vida, mas também para melhorar a qualidade de vida dos pacientes que recorrem a tais intervenções.[315] No entanto, a demanda cada vez maior de alotransplantes, somada ao declínio do número de doações nos últimos anos, são fatores que levaram a uma aguda escassez de órgãos disponíveis.[316] Esta defasagem e o desequilíbrio entre oferta e procura de órgãos têm estimulado a busca de outras alternativas para ajudar a resolver o problema, já que milhares de pessoas mor-

[312] ENGELS, *RDGH* (2000), p. 166.

[313] Nesse sentido, VESTING; MÜLLER, *MedR* (1996), p. 203.

[314] Fala-se ainda de isotransplante quando o doador e o receptor, apesar de diferentes indivíduos, são geneticamente idênticos (gêmeos monozigóticos).

[315] ENGELS, *RDGH* (2000), p. 166; idem, *RDGH* (2001), p. 197.

[316] Nesse sentido, VESTING; MÜLLER, op. cit., p. 203.

rem todos os anos durante o tempo de espera nas chamadas "listas de espera".[317]

Uma das possibilidades de cobrir este déficit é o xenotransplante, isto é, a transferência de órgãos ou tecidos de indivíduos pertencentes a outras espécies ao ser humano. Noutras palavras, trata-se de um transplante interespécies, que envolve indivíduos de diferentes espécies. Segundo Guerra González, xenotransplante é "o transplante de produtos biológicos (células, tecidos, órgãos) de origem animal para seres humanos";[318] consiste, portanto, "no transplante em seres humanos de órgãos, tecidos ou células procedentes de animais inferiores".[319] O Conselho da Europa define xenotransplante como "qualquer procedimento que envolva o transplante ou infusão para o receptor humano de células, tecidos ou órgãos vivos animais, ou fluidos, células, tecidos ou órgãos do corpo humano que tenham tido contato *ex vivo* com células, tecidos ou órgãos vivos animais".[320]

Embora já tenham sido realizadas algumas tentativas de xenotransplante de órgãos de animais (p.ex., chimpanzés, babuínos, suínos) para humanos,[321] elas fracassaram, e os resultados foram desalentadores em quase todos os experimentos relatados cientificamente. De qualquer forma, no âmbito experimental, pode-se dizer que houve um importante avanço nesta área, na crença de que o xenotransplante constituirá uma alternativa válida ao alotransplante. Por outro lado, e além de questões médico-científicas, o xenotransplante em si levanta uma série de aspectos éticos e jurídicos

[317] Para tentar solucionar o problema da escassez de órgãos, há ainda outras linhas de pesquisa dirigidas à obtenção de órgãos e tecidos, em especial aquelas que envolvem as pesquisas com células-tronco (adultas e embrionárias) e as que visam a desenvolver órgãos sintéticos.

[318] GUERRA GONZÁLEZ, *RDGH* (2004), p. 124.

[319] URRUELA MORA, in: Romeo Casabona; Queiroz, *Biotecnologia e suas implicações ético-jurídicas*, p. 485.

[320] CONSELHO DA EUROPA, *Recomendação* 10 (2003), art. 3.

[321] Como informam VESTING; MÜLLER (op. cit., p. 203) as primeiras tentativas científicas aconteceram na década de 60 do século XX , com Reemtsma; McCracken; Schlegel, Renal heterotransplantation in man. *Ann Surg* 160 (1964), p. 384 e ss.; Barnard, A human cardiac transplant: an interim report of a successful operation performed at Groote Schuur Hospita. *S Afr Med J* 41 (1966), p. 1271 e ss.; Hardy; Chavez; Kurrus, Heart transplantation in man developmental studies and report of a case, *JAMA* 188 (1964), p. 114 e ss. Recentemente, merece destaque o caso Baby Fae – uma recém- nascida receptora de coração de babuíno – (v. The Hastings Center Report 15/1, 1985, p. 9-10), que provocou intenso debate ético, cf., ENGELS, op. cit., p. 167.

relevantes que estão sendo discutidos, pois há riscos para o homem e para os animais envolvidos neste tipo de transplante.

Além dos riscos inerentes a qualquer tipo de transplante, existem outros problemas e riscos adicionais relativos ao xenotransplante,[322] sendo que as questões médicas relacionadas têm ocupado a comunidade científica desde que esta intervenção foi considerada uma possível alternativa (terapêutica) ao autotransplante e ao alotransplante.

Durante muitos anos o debate centrou-se nos problemas de *compatibilidade* entre o organismo humano e o órgão de origem animal, em especial no que tange à *rejeição* do receptor humano ao xenotransplante.[323] Recentemente, contudo, as atenções têm mudado para outro problema tão ou mais discutido e importante do que o anterior: o *risco de infecção* por xenotransplante (infecção xenogênica), pois há vários tipos de agentes infecciosos (p. ex., retrovírus e prions endógenos) que podem ser transmitidos ao paciente-receptor,[324] causando-lhe doenças (xenozoonoses),[325] ou inclusive, causando epidemias ou até mesmo pandemias.[326] Ademais, são mencionados outros riscos relativos à alocação de órgãos, tendo em vista que a introdução do xenotransplante na prática clínica poderia reduzir a vontade das pessoas doarem seus órgãos se órgãos animais estiverem disponíveis, e ao mesmo tempo aumentar os custos do sistema de saúde.[327] Enfim, vale ressaltar que alguns riscos ainda são desconhecidos, pois nem todos os retrovírus endógenos podem

---

[322] VESTING; MÜLLER, op. cit., p. 204.

[323] ENGELS, *RDGH* (2001), p. 183-184. Porém, observa esta autora que pode haver diferenças de riscos entre o xenotransplante de órgãos e o xenotransplante de tecidos: "embora alguns problemas possam ser similares ou idênticos, há diferenças dependendo qual tipo de xenotransplante é utilizado e a técnica de transplantação. O risco de rejeição pode ser menor ou inexistir para células encapsuladas, mas há ainda riscos de infecção" (ENGELS, *RDGH*, 2000, p. 172). Embora o xenotransplante de tecidos e células já seja uma prática corrente em vários países (v. CONSELHO DA EUROPA, *Recomendação* 10, 2003, preâmbulo; ENGELS, *RDGH*, 2000, p. 167) o objeto deste estudo está focado especialmente na problemática relativa ao xenotransplante de órgãos, não obstante as casuísticas coincidam em muitos aspectos.

[324] Sobre as formas de transmissão das doenças infectocontagiosas, v.VESTING; MÜLLER, op. cit., p. 204.

[325] "Doença (nosis) originada de animais (zoo) que afeta humanos como resultado de um xenotransplante" (GUERRA GONZÁLEZ, *RDGH*, 2004, p. 124).

[326] Cf. ENGELS, *RDGH* (2001), p. 184;190.

[327] ENGELS, *RDGH* (2001), p. 190.

ser detectados atualmente, sendo necessário inventar e testar novos instrumentos e métodos.[328]

Por outro lado, dentre os potenciais benefícios do xenotransplante, além de constituir-se numa nova fonte de alocação de órgãos, tecidos e células, destaca-se a possibilidade de reduzir ou evitar o comércio de órgãos e a desnecessidade de se atingir a integridade corporal do doador vivo.[329]

Em face desta situação controversa, ainda não razoavelmente segura e bem esclarecida, não surpreende que o Conselho da Europa tenha editado três recomendações sobre a temática em tela:[330] Recomendação 15 (1997), Recomendação 1399 (1999) e Recomendação 10 (2003), sugerindo uma moratória até que esta nova tecnologia seja melhor avaliada antes de se passar à fase de ensaios clínicos;[331] e recomendando estratégias,[332] princípios e diretrizes a fim de minimizar os riscos (conhecidos e desconhecidos) envolvidos.[333]

7.2. Aspectos jurídico-penais

No Brasil, assim como em outros países, não há uma regulamentação específica relativa ao xenotransplante, não obstante isso seja considerado necessário, sobretudo tendo em vista os aspectos

[328] ENGELS, *RDGH* (2001), p. 186.

[329] URRUELA MORA, op. cit., p. 493.

[330] A Organização Mundial de Saúde (OMS) também produziu os seguintes documentos sobre o tema: *Xenotransplante: orientação sobre doença infeciosa. Prevenção e gestão* (1998); *Orientação sobre infecção xenogênica/doença. Vigilância e resposta: uma estratégia para a coordenação e cooperação internacional* (2001; *Consulta sobre xenotransplante: vigilância* (2001).; *Resolução sobre transplantes de tecidos e órgãos humanos* (2004), II.

[331] CONSELHO DA EUROPA, *Recomendação* 1399 (1999), n.6, i. Aliás, a *Recomendação* 10 (2003) considera que nenhuma pesquisa clínica de xenotransplante deve ser realizada sem que seja demonstrada suficientemente a sua segurança e eficácia através de pesquisas pré-clínicas (Preâmbulo). Para VESTING; MÜLLER (op. ci.t, p. 208), "atualmente, afigura-se altamente questionável se o balanceamento risco-benefício permitiria o início de um ensaio clínico de xenotransplante".

[332] CONSELHO DA EUROPA, *Recomendação* 15 (1997).

[333] CONSELHO DA EUROPA, *Recomendação* 10 (2003), A, B.

referentes aos direitos do paciente-receptor, à saúde pública e à proteção dos animais.[334]

De qualquer forma, o xenotransplante classifica-se atualmente como uma intervenção experimental,[335] que deve em princípio seguir as diretrizes adequadas à sua natureza. Assim, além do consentimento livre e esclarecido do sujeito de pesquisa e do balanceamento entre os potenciais riscos e benefícios envolvidos, o xenotransplante deve ser testado com segurança em laboratório e/ou animais antes de ser transladado para a experimentação (ou pesquisa) com seres humanos. No entanto, até o momento, o xenotransplante ainda não está apto para a fase de ensaios clínicos. "O critério que prevaleceu na esfera internacional é o da moratória na passagem para a fase de ensaios clínicos, exigindo a recopilação de novas evidências no modelo animal antes de atuar com humanos", sem que isso "constitua um ponto final que feche a via para toda aplicação prática do xenotransplante em um futuro próximo", sendo "preciso um processo contínuo de revisão científica dos desenvolvimentos experimentados nesse campo, esperando-se que os resultados em laboratório permitam a passagem para a fase de ensaios clínicos".[336] Portanto, e mais precisamente, o xenotransplante ainda é uma intervenção biomédica de natureza experimental. Todavia, e em se admitindo o xenotransplante como um ensaio clínico com fins terapêuticos (pesquisa ou experimentação terapêutica) é preciso analisar os riscos e problemas que podem se traduzir em crimes contra o homem e o meio ambiente.

Diante disso, vamos passar agora às questões jurídico-penais relacionadas, especialmente tendo em vista os bens jurídico-penais implicados.

7.2.1. *Tutela da vida e da integridade física ou saúde*

Da possível aplicação terapêutica do xenotransplante surge o dilema do risco de transmissão de xenozoonoses ao homem através do órgão que lhe foi transplantado.[337] O xenotransplante apresenta

---

[334] Nesse sentido, ROMEO CASABONA; URRUELA MORA, *RDGH* (2008), p. 113.

[335] VESTING; MÜLLER, op. cit., p. 207.

[336] URRUELA MORA, in: Romeo Casabona; Freire de Sá, *Desafios jurídicos da biotecnologia*, p. 507-508.

[337] ROMEO CASABONA; URRUELA MORA, op. cit., p. 121.

sérios riscos à vida e à integridade física ou saúde do indivíduo (receptor humano) que podem provocar a destruição do órgão hóspede e trazer graves e fatais consequências devido a causas imunológicas e fisiológicas ocasionadas pela rejeição hiperaguda e pela infecção de enfermidades graves.[338] Isso poderia redundar na responsabilidade penal do médico, por homícidio ou lesões corporais, caso este decida realizar um xenotransplante que resulte na morte ou em lesões ao paciente. Ademais, o eventual consentimento do paciente seria irrelevante e ineficaz, não legitimando a intervenção, pois os riscos ainda são considerados desproporcionais aos potenciais benefícios esperados, além do que constituiria um atentado contra a sua dignidade participar da pesquisa no estágio atual que ela se encontra. Como refere Urruela Mora, "o risco de instrumentalização do ser humano deve ser evitado, pois suporia neste caso um evidente atentado contra sua dignidade. A este respeito, o perigo maior é a propensão que poderia existir nos potenciais pacientes de aceitarem ser submetidos a um tratamento de alto risco e sem que se ofereça, ao mesmo tempo, expectativas razoáveis, em face de uma situação já limite e desesperadora – presumivelmente, na maior parte dos casos, em uma situação de enfermidade terminal. Por tal motivo, a situação de urgência não pode afastar o melhor interesse do paciente como princípio reitor em frente a um potencial 'cobaísmo'".[339] Noutros termos, a questão central também se refere aos limites do consentimento de experimentos em seres humanos em condições de incerteza científica, onde "as questões a serem examinadas aqui são o valor do consentimento de uma pessoa bem informada para um procedimento cujas consequências individuais e coletivas ainda são desconhecidas e os critérios de tomada de decisão em conflitos entre os interesses da saúde individual e pública".[340] Enfim, a ponderação dos riscos e benefícios neste caso deve levar em conta não só o paciente, mas também a própria sociedade

---

338 URRUELA MORA, in: Romeo Casabona; Queiroz, *Biotecnologia e suas implicações ético-jurídicas*, p. 493. COHEN; FANO (in: http://www.fbav.org.br/xeno.htm) informam que os poucos seres humanos que até agora foram submetidos a este tipo de transplante "morreram em horas, dias ou semanas após a cirurgia, vítimas de severas infecções, hemorragia interna, parada de órgão, toxidade devido a altas doses de drogas imunossupressivas, e outros efeitos provavelmente relacionados à rejeição do órgão animal".

339 URRUELA MORA, in: Romeo Casabona; Queiroz, *Biotecnologia e suas implicações ético-jurídicas*, p. 495.

340 MAZZONI; TALLACCHINI, in: Romeo Casabona; Freire de Sá, *Desafios jurídicos da biotecnologia*, p. 512; 536-537.

como um todo. No entanto, e por outro lado, seria ainda cabível em favor do médico a alegação de estado de necessidade em situações extremas e peculiares, desde que devidamente demonstradas.

7.2.2. Tutela da saúde pública

Além da pessoa individualmente considerada, o xenotransplante pode atingir a coletividade, já que os riscos de transmissão de certas enfermidades podem tomar a dimensão de epidemias ou até mesmo de pandemias[341] em razão de mutações do agente transmissor da doença ou pelo surgimento de um novo agente desconhecido, colocando em perigo a saúde pública. Trata-se de enfermidades (virais ou não virais) interespécies (adquiridas de animais) infectocontagiosas de extrema gravidade, tais como "a gripe aviária" - vírus A (H5N1) -; a "gripe suína" - vírus *influenza* A (H1N1) -; o ebola - vírus símio 40 -; a "doença da vaca louca" - doença de Creutzfeldt-Jacob -, o HIV - vírus de imunodeficiência humana (transmissor da AIDS) -; o "herpes B de macaco", além de outras ainda desconhecidas, que tornam "os receptores de órgãos de animais um time de bombas virais, infectando um grande número de pessoas com diversas zoonoses, particularmente se o vírus for transmitido pelo ar".[342] Neste caso, o agente (cientista/médico) poderá incorrer no crime de epidemia (CP, art. 267), se causá-la dolosa ou culposamente.[343]

7.2.3. Tutela do equilíbrio ecológico e da biodiversidade

Se em decorrência do (s) xenotransplante (s) houver a propagação de doença ou praga[344] ou espécies (microorganismos, animais e

---

[341] De acordo com a Organização Mundial de Saúde (OMS), pandemia é uma epidemia global que atinge grandes proporções, que se estende a muitos países (de um ou mais continentes ou todo o mundo) ou ataca quase todos indivíduos de uma localidade, causando muitas mortes ou destruindo cidades e regiões inteiras.

[342] COHEN; FANO, op. cit.

[343] Sobre o crime de epidemia, v., mais desenvolvidamente, SPORLEDER DE SOUZA, *Direito penal genético*, p. 110 e ss.

[344] Há inúmeras doenças e pragas que podem acometer animais e plantas, tais como: a febre aftosa, a peste suína, a lagarta dos cafezais, o cancro cítrico, o *scrapie*, a encefalopatia espongiforme bovina ("doença da vaca louca"), etc. Segundo PRADO (*Direito penal do ambiente*, p. 435-436), "o termo praga, à semelhança da epidemia, é um surto maléfico e transeunte. Espécies são exemplares potencialmente lesivos - vírus, bactérias, plantas ou animais exóticos

plantas) que possam causar dano à agricultura, à pecuária, à fauna, à flora ou aos ecossistemas incidirá o tipo previsto no art. 61 da Lei 9.605/98, que visa a proteger acima de tudo o equilíbrio ecológico, e, subsidiariamente, o patrimônio.

Por outro lado, outra questão que se coloca é quando alguns animais transgênicos são utilizados em experiências envolvendo xenotransplantes, pois se sabe atualmente que o problema da rejeição hiperaguda vem sendo superado em grande medida mediante a introdução de genes humanos em animais (suínos) doadores a fim de torná-los mais adaptáveis fisiologicamente ao corpo humano. Assim, "as possibilidades abertas pela utilização de porcos transgênicos em matéria de xenotransplante desbordaram o otimismo" da comunidade científica, pois pela manipulação genética "se alcançou a sobrevivência dos órgãos pelo período de um mês nos modelos [animais] experimentais mais próximos ao homem (utilização de primatas como receptores, uma vez que a fase de ensaios clínicos em seres humanos ainda não se iniciou), enquanto que, antes do uso da citada técnica, o xenoenxerto obtido do porco era destruído em um espaço de poucas horas, uma vez transplantado".[345]

Desta forma, se forem liberados ou descartados animais transgênicos no meio ambiente, em desacordo com as normas estabelecidas pela CTNBio e pelos órgãos e entidades de registro e fiscalização, incidirá o crime previsto no art. 27 da Lei de Biossegurança (Lei 11.105/05), que visa a tutelar o equilíbrio ecológico e a biodiversidade (*caput* e inciso II); e indiretamente, a vida (inciso IV), a integridade física ou saúde (inciso III) e o patrimônio (inciso I). Agora, se forem produzidos, armazenados, transportados, comercializados, importados ou exportados animais transgênicos ou seus derivados, sem autorização ou em desacordo com as normas estabelecidas pela CTNbio e pelos órgãos e entidades de registro e

etc. – capazes de danificar a agricultura (plantações, campos cultivados), a pecuária (criação de gado), a fauna (conjunto de espécies de uma determinada localidade), a flora (acervo de vegetais pertencente a uma região) ou os ecossistemas".

345 URRUELA MORA, in: Romeo Casabona; Queiroz, *Biotecnologia e suas implicações ético-jurídicas*, p. 487. Explica ENGELS (*RDGH*, 2000, p. 175-176) que o gene (s) humano (s) incorporado (s) ao genoma do porco produz uma proteína reguladora complementar com o efeito de reduzir os problemas da resposta imunológica do paciente-receptor, a fim de evitar a rejeição.

fiscalização, ocorrerá o crime previsto no art. 29 da lei em tela, que, além da biodiversidade, tutela a saúde pública.[346]

7.2.4. *Tutela da dignidade dos animais*

Por fim, diante dos xenotransplantes pode-se aludir à tutela da dignidade dos animais, já que estes são utilizados como fonte de órgãos nessas intervenções.[347]

Como explica Urruela Mora, tradicionalmente, cientificamente, considerou-se que o animal mais idôneo para ser utilizado como fonte de obtenção de órgãos em matéria de xenotransplante era o primata não humano (símios, babuínos, chimpanzés), dada sua proximidade ao homem na escala filogenética e por sua similaridade ao homem. Entretanto, houve uma mudança de paradigma em razão de motivos ecológicos e econômicos, optando-se pelo emprego de outros animais, sobretudo suínos (transgênicos ou não), como fonte de órgãos nas recentes intervenções.[348] Em todo caso, as questões jurídico-penais envolvidas diretamente com os animais dizem respeito à experimentação, incluída aqui a produção e criação de animais exclusivamente para fins científicos.

O desenvolvimento das ciências encontra-se fortemente ligado ao constante uso de animais como modelo biológico, prática que se incorporou na nossa cultura científica ocidental[349] há muito tempo. A experimentação em animais tem rigorosamente a mesma idade que a ciência experimental, sendo possível supor que as investigações em animais sejam tão antigas como as interações (apropriações, domesticações, explorações) entre os seres humanos e os animais.[350]

Porém, é inicialmente na Grécia, a partir do século V a.C., que a curiosidade se torna o motivo dominante para as investigações

---

346 Sobre estes dois crimes (arts. 27 e 29 da Lei de biossegurança), v., mais desenvolvidamente, SPORLEDER DE SOUZA, *Direito penal genético*, p. 77-83; 94-109.

347 ENGELS (*RDGH*, 2000, p. 170-171) aduz que, embora os animais venham sendo utilizados há bastante tempo nas pesquisas em geral, o xenotransplante "acrescenta uma *nova dimensão* ao uso de animais na medicina, porque estes servem de fonte para o produto final desta tecnologia".

348 URRUELA MORA, in: Romeo Casabona; Queiroz, *Biotecnologia e suas implicações ético-jurídicas*, p. 486. De qualquer forma, como foi dito, ainda se recorre aos aludidos primatas (receptores) para testar e avaliar os efeitos dos órgãos transplantados de porcos.

349 FEIJÓ, *Utilização de animais na investigação e docência*, p. 71

350 GOFFI, in: Hottois; Parizeau, *Dicionário da bioética*, p. 233.

deste gênero. O *corpus* hipocrático, a obra de Aristóteles e de outros naturalistas da época revelam conhecimentos anatômicos obtidos pela dissecação de cadáveres de animais. Posteriormente, com Galeno (século II a.C.), são realizadas experimentações (anatômicas e fisiológicas) mais especializadas e utilizando-se animais vivos.[351] Contudo, somente no Renascimento que a experimentação animal começa a ser praticada sistematicamente. Conforme Goffi, "o livro de Vésale (1514-1564), *A fábrica do corpo humano*, comporta um capítulo sobre a dissecção de animais vivos. As investigações de Harvey (1578-1657) sobre circulação sanguínea abrangem vivissecções, e as primeiras tentativas de injeção intravenosa (Wren, 1657) e de transfusão sanguínea (Lower, 1666) fazem-se em animais. No fim do século XVII, a experimentação com animais torna-se prática corrente, e o desenvolvimento da biologia e da medicina em bases científicas (no início do século XIX) vai desencadear um emprego crescente de animais de laboratório".[352] Consequentemente, o elemento mais importante do chamado "paradigma da medicina experimental" é a experimentação com animais.[353]

Hodiernamente, é difícil estimar o número de animais utilizados em experimentos científicos em todo o mundo.[354] Roedores (camundongos, ratos), peixes, anfíbios, répteis, pássaros, coelhos, cachorros, gatos, bois, porcos e macacos substituem o ser humano como objeto das mais variadas investigações científicas, *v.g.*, na preparação e no controle de qualidade de medicamentos e procedimentos, no estudo de reações/efeitos tóxicos de certos produtos alimentícios, industriais e domésticos,[355] ou ainda para fins de ensino.[356]

---

[351] GOFFI, in: Hottois; Parizeau, *Dicionário da bioética*, p. 233.

[352] Idem, ibidem.

[353] FEIJÓ, *Utilização de animais na investigação e docência*, p. 72.

[354] ALVES; COLLI, *Ciência hoje* (2006), p. 25.

[355] Os testes de toxicidade de novos produtos mais conhecidos são os seguintes: a) Dose Letal 50% (LD); b) *Eye Draize Test*; e c) *Skin Draize Test* (FEIJÓ, *Utilização de animais na investigação e docência*, p. 74-75).

[356] Segundo FEIJÓ (*Utilização de animais na investigação e docência*, p. 88), a educação é uma das áreas onde o uso de animais é muito freqüente, sobretudo no ensino de farmacologia, fisiologia e anatomia, entre outras, aduzindo a autora que "a utilização destes animais é justificada para a aquisição de prática, habilidade e conhecimento por parte dos novos estudantes e pelo esforço de aprendizagem já adquirido em aulas anteriores". Noutras palavras, "animais, na grande maioria sadios, são mortos apenas com o fim educacional" para o ensino das ciências biomédicas (idem, ibidem).

Assim, o uso de animais pode ser dividido em três áreas, a saber: a) pesquisa científica; b) testagem de produtos; e c) ensino, que por sua vez suscitam diferentes abordagens e debates éticos.[357]

Nesse sentido, vale frisar que, no âmbito internacional, o Conselho das Organizações Internacionais de Ciências Médicas (*Council for international organizations of medical science*, CIOMS) – estabelecido em 1949 pela UNESCO –, regulamentou, em 1984, os *Princípios básicos internacionais para a pesquisa biomédica envolvendo animais* (*International guiding principles for biomedical research involving animals*), um importante documento que afirma o seguinte: 1) experimentos com animais são necessários ao desenvolvimento científico (1, I); 2) os animais devem ser substituídos, quando possível, por modelos alternativos[358] (1, II); 3) os experimentos com animais devem ser relevantes (1, III); 4) deve-se utilizar o número mínimo de animais necessário para se obter resultados cientificamente válidos (1, IV); 5) os animais devem receber tratamento e conforto adequados, bem como alívio (anestesia) em procedimentos que causam dor (1, V, VII); 6) o animal que vier a sofrer em decorrência do experimento deve ser sacrificado de forma indolor.

Na realidade, estes códigos de conduta internacionais seguem as recomendações da famosa "teoria dos três Rs" – oriunda das palavras inglesas *reduce* (reduzir), *refine* (refinar) e *replace* (substituir) –, proposta em 1959 por Russell e Burch, relativas à utilização adequada de animais nas experimentações. Ou seja: 1) deve-se reduzir o número de animais a serem utilizados nas pesquisas (*reduce*); 2) deve-se planejar e aprimorar as pesquisas, procurando evitar ou diminuir o sofrimento desnecessário dos animais (*refine*); e 3) deve-se substituir os animais por modelos alternativos sempre que for possível (*replace*).

No Brasil, preocupado em estabelecer critérios éticos e metodológicos para o uso de animais em experimentos, o Colégio Brasileiro de Experimentação Animal (COBEA) editou em 1991 um documento intitulado *Princípios éticos na experimentação animal*, "ressaltando

[357] Cf. FEIJÓ, op. cit., p. 73.

[358] Além da preocupação ética com os experimentos atuais, cientistas de todo o mundo também se esforçam para investigar métodos que permitam diminuir a quantidade de animais usados e substituí-los, particularmente nos casos em que é preciso submetê-los a processos dolorosos ou a substâncias tóxicas (ALVES; COLLI, *Ciência hoje*, 2006, p. 28). "Deve-se esperar dos métodos substitutivos uma redução do número de animais no decurso de experiências mais bem conduzidas e menos dolorosas" (GOFFI, op. cit., p. 234).

a importância do animal e o respeito que o homem deve ter para com todos os seres da natureza, a responsabilidade moral do experimentador durante a pesquisa (...), o uso de métodos apropriados de avaliação do experimento, o cuidado para evitar o desconforto, a dor e o estresse desnecessários, além de se alertar para o uso de métodos alternativos na investigação científica".[359]

Paralelamente às discussões éticas mencionadas acima, surgiram indagações jurídicas relacionadas com as pesquisas envolvendo animais. Embora seja um tema relativamente novo para o direito, organismos internacionais e alguns países editaram instrumentos e normas a respeito da experimentação animal.

No panorama internacional, considerando que "todo animal possui direitos e que o desconhecimento de ditos direitos tem conduzido e segue conduzindo o homem a cometer crimes contra os animais", a *Declaração universal dos direitos do animal* (UNESCO, 1978) proclama que: "a) nenhum animal será submetido a maus-tratos nem a atos cruéis; b) se for necessária a morte de um animal, esta deve ser instantânea, indolor e não geradora de angústia" (art. 3º). E no que tange à experimentação, especificamente, a mencionada declaração estatui: "a) a experimentação animal que implique sofrimento físico ou psicológico é incompatível com os direitos do animal, quer se trate de experiência médica, científica, comercial, ou qualquer outra; b) as técnicas alternativas devem ser utilizadas e desenvolvidas" (art. 8º). Já o Conselho da Europa, reconhecendo que homem tem uma obrigação moral de respeitar os animais; decidido a limitar o uso de animais para fins experimentais e outros propósitos científicos, bem como substituir quando possível por outra alternativa e diminuir o sofrimento dos animais envolvidos nessas práticas, editou em 1986 a *Convenção para a proteção dos animais vertebrados utilizados para fins experimentais e outros propósitos científicos* (*European convention for the protection of vertebrate animals used for experimental and other scientific purposes*).

[359] SOGAYAR, *Ética na experimentação animal*, p. 79. Por outro lado, além dos aspectos éticos propriamente ditos, existem exigências formais da metodologia científica para o uso adequado de animais em experimentação. SOGAYAR (op. cit., p. 41-45) elenca as seguintes: 1) Que a hipótese a ser testada no animal seja importante; 2) que haja necessidade do uso de animais na pesquisa; 3) que seja possível transferir os resultados obtidos de um animal para outra espécie animal; 4) que seja usado um método apropriado para testar a hipótese; 5) que o estresse, a dor ou o sofrimento do animal devem, sempre que possível, estar relacionados com a importância da hipótese; 6) que o número de animais seja minimizado.

Seguindo tal orientação, no direito comparado, alguns países, de forma pioneira, já contam com legislação específica sobre o tema em tela.[360] No entanto, a realidade normativa de muitos dos demais países não é a mesma. Enquanto uns possuem normas mais genéricas de proteção ao animal, que indiretamente tratam da experimentação animal, outros sequer a regulamentam juridicamente.

No Brasil, a Constituição Federal/1988 preconiza que "incumbe ao Poder Público (...) proteger a fauna (...), vedadas, na forma da lei, as práticas que (...) submetam os animais à crueldade" (art. 225, § 1º, VII). E mais recentemente foi aprovada a Lei 11.794/08, que regulamenta o aludido dispositivo constitucional, estabelecendo procedimentos para o uso científico de animais. Esta lei, aliás, cria o Conselho Nacional de Controle de Experimentação Animal (CONCEA).

De acordo com a determinação constitucional, existem três legislações no ordenamento jurídico-penal pátrio que tratam do tema "experimentação animal". São elas: a) Decreto-Lei 3.688/41 (art. 64, § 1º); b) Lei 6.638/79; e c) a Lei 9.605/98 (art. 32, § 1º). No entanto, não vamos analisar a contravenção penal prevista no art. 64, § 1º, do Decreto-Lei 3.688/41, em virtude da sua revogação tácita pelo art. 32, § 1º, da Lei 9.605/98;[361] e tampouco a Lei 6.638/79, já que o dispositivo penal constante desta legislação (art. 5º, I)[362] também foi revogado expressamente pela Lei 11.794/08 (art. 27), e tacitamente, de forma reflexa.[363] Diante disso, resta apenas a Lei 9.605/98 (art. 32, § 1º) para ser apreciada.

---

[360] V. entre outras, as conhecidas legislações americana e inglesa, respectivamente, a *Animal Welfare Act* (1985) e a *British Animals (Scientific Procedures) Act* (1986). Segundo FEIJÓ (op. cit., p. 122), "originário do primeiro ato governamental que oficializou a preocupação com o bem-estar animal na investigação cientifica em 1876 (*Cruelty to Animals Act*), o *British Animals Act* foi instituído por exigência da sociedade britânica que via muitas falhas na lei anterior.

[361] Nesse sentido, CONSTANTINO, *Delitos ecológicos*, p. 123; PRADO, *Direito penal do ambiente*, p. 249.

[362] Lei 6.638/79, art. 5º: "Os infratores desta Lei estarão sujeitos: I – às penalidades cominadas no art. 64, *caput*, do Decreto-lei nº 3.688, de 3 de outubro de 1941, no caso de ser a primeira infração; II – à interdição e cancelamento do registro do biotério ou do centro de pesquisa, no caso de reincidência."

[363] Para fins penais, o art. 5º, I, da Lei 6.638/79 está revogado reflexamente, pois este remete às penalidades do art. 64 (*caput*) do Decreto-lei 3.688/41, este revogado pelo artigo 32, 1º da Lei 9.605/98 como foi mencionado. Desta forma, a partir de agora, aplica-se tão-somente a Lei 9.605/98 (art. 32, § 1º) nas experimentações envolvendo animais, inclusive as vivissecções.

De acordo com o artigo 32, 1°, da mencionada lei, incorre em crime "quem realiza experiência dolorosa ou cruel em animal vivo, ainda que para fins didáticos ou científicos, quando existirem recursos alternativos", sendo que o bem jurídico tutelado pelo tipo penal em questão é a dignidade animal, cujo titular (sujeito passivo) é a coletividade animal.

Embora seu estudo seja recente na área do direito, a "dignidade animal" é um termo consolidado na literatura jurídica e na legislação. No plano internacional, a *Declaração universal dos direitos do animal* (UNESCO, 1978, art. 10, *b*) expressamente refere-se a ela. Já no direito comparado, a dignidade animal é reconhecida pela Constituição suíça (art. 24, 3) sob a denominação "dignidade da criatura".[364] Para Schweitzer, dignidade da criatura significa "autovalência" (*Eigenwertigkeit*), compreendida esta em específicas necessidades, emoções e vontades de animais e plantas, que devem ser respeitadas, por reverência à vida".[365]

A experimentação científica (militar, industrial e biomédica) com animais, ao longo de toda história, tem sido responsável por um grande número de descobertas. Estas descobertas dizem respeito não só à melhoria da vida dos seres humanos, mas também à da vida dos seres não humanos. Ocorre que, com o avanço científico, muitas destas técnicas de experimentação com animais tornaram-se desnecessárias, em virtude da possibilidade de sua substituição.[366] De outra banda, algumas técnicas de experimentação ainda não são substituíveis. Dentre estas, muitas ainda denotam requintes de crueldade para com os animais, ferindo a sua dignidade. Todavia, o avanço das ciências biomédicas dependeu e (infelizmente) ainda de-

[364] De acordo com os autores suíços, o conceito "dignidade da criatura" previsto na constituição helvética engloba os animais (dignidade animal) e as plantas (dignidade vegetal). Cf. LEIMBACHER, in: Bondolfi; Lesch; Pezzoli-Olgiati, *Würde der Kreatur*, p. 90; KREPPER, *Zur Würde der Kreatur in Gentechnik und Recht*, p. 358. Contudo, alerta LEIMBACHER (idem) que "a dignidade da criatura é um conceito constitucional relativamente recente e as opiniões sobre o seu significado ainda estão sendo elaboradas". Para TEUTSCH (*Die Würde der Kreatur*, p. 24) a dignidade humana, a dignidade da criatura animal e a dignidade da criatura vegetal integram a dignidade da natureza animada.

[365] SCHWEITZER apud LEIMBACHER, in:Bondolfi; Lesch; Pezzoli-Olgiati, *Würde der Kreatur*, p. 92.

[366] A substituição aqui referida, nada mais é que a mudança do objeto experimentado ou investigado, sem prejuízo da precisão dos resultados obtidos.

pende do emprego de animais na pesquisa científica.[367] Mesmo que em alguns casos o progresso científico tenha conseguido substituir nas experiências o uso de animais vivos por recursos alternativos (culturas de células mantidas em laboratório ou modelos matemáticos e computacionais), ainda estamos longe de poder prescindir dos animais para uma série de experimentos,[368] sendo temerário assegurar a eficácia e/ou inocuidade de certos medicamentos sem primeiro testá-los, por exemplo, em camundongos ou ratos, que muitas vezes são especialmente criados para essa finalidade.[369] Assim, a experimentação em animais ainda é essencial em certos casos, mas isso não pode ser feito de qualquer maneira, sem métodos e critérios adequados, sobretudo quando as intervenções os façam sofrer desnecessariamente. Por outro lado, sabe-se que em muitos casos, "a precisão dos modelos animais é questionável, pois, frequentemente, os estudos em animais provam pouco ou nada, e é muito difícil correlacioná-los a seres humanos".[370] Por conseguinte, a ciência e a indústria (farmacêutica, alimentícia e cosmética) vêm progressivamente abandonando os testes com animais vivos. De qualquer forma, as eventuais experimentações envolvendo animais devem estar adequadas à ética e à lei, respeitando-se a dignidade animal. Tomando por premissa que os animais possuem uma dignidade, isso implica uma série de consequências no tocante à necessidade de sua proteção jurídica, mesmo que seja possível desencadear-se, em alguns casos, até mesmo um conflito entre a dignidade animal e a dignidade da pessoa humana. Enfim, o que se deve ter em mente é a necessidade de utilizar animais nas experimentações somente como *ultima ratio*, ou seja, quando for inevitável, em virtude da impossibilidade de substituição por outras alternativas menos gravosas. Há também que se ressaltar que, quando da utilização (inevitável) de

[367] Lembre-se que as pesquisas envolvendo animais podem ser laboratoriais ou de campo. Nas pesquisas de campo são utilizados animais silvestres como objeto de investigação, havendo alguns métodos "científicos" de marcações (amputação de dedos, anéis e colares plásticos, microchips, etc), captura e recaptura que também merecem reflexão ética e jurídica (FEIJÓ, op. cit., p. 77-78), muito embora estas práticas não sejam consideradas "experimento" pela Lei 11.794/08 (art. 3°, parágrafo único, II).

[368] "Experimentos: procedimentos efetuados em animais vivos, visando à elucidação de fenômenos fisiológicos ou patológicos, mediante técnicas específicas e preestabelecidas" (Lei 11.794/08, art. 3°, III)

[369] V. ALVES; COLLI, *Ciência hoje* (2006), p. 27.

[370] SINGER, *Libertação animal*, p. 64.

animais, deve ser buscada a minimização do número da amostra nas pesquisas[371] e do sofrimento (físico ou mental),[372] ou, quando possível, a eliminação deste. Como ressalta Urruela Mora, embora "o emprego razoável de animais com fins científicos, especialmente quando esteja dirigido a obter uma vantagem para os seres humanos, seja objeto de aceitação generalizada na nossa cultura", "a sensibilidade ética para com os animais implica certo rigor na configuração do experimento (o emprego de número determinado de animais, seu adequado cuidado, a eliminação do mal causado aos mesmos), ou seja, seu sacrifício deve ser conduzido com o mínimo sofrimento físico e mental".[373] Diante disso, parece que o art. 32, § 1°, da Lei 9.605/98 visa, de alguma forma, a conciliar o progresso científico com a dignidade animal, incorrendo em crime quem realizar experiência (dolorosa ou cruel) em animal vivo, ainda que para fins didáticos ou científicos, quando existirem recursos alternativos, sendo a pena aumentada se ocorrer a morte do animal.

7.3. Considerações finais

Os riscos associados ao xenotransplante são consideráveis.[374] Embora o panorama científico dos problemas acerca do xenotrans-

---

[371] Nesse sentido, CONSELHO DA EUROPA, *Convenção para a proteção de animais vertebrados utilizados para fins experimentais e outros propósitos científicos* (1986), Preâmbulo, arts. 7°, 19.

[372] Nestes termos, a Lei 11.794/08 denomina "morte por meios humanitários", "a morte de um animal em condições que envolvam, segundo as espécies, um mínimo de sofrimento físico ou mental" (art. 3°, IV). Ademais, estabelece a referida lei que: "o animal será submetido a eutanásia, sob estrita obediência às prescrições pertinentes a cada espécie, conforme as diretrizes do Ministério da Ciência e Tecnologia, sempre que, encerrado o experimento ou em qualquer de suas fases, for tecnicamente recomendado aquele procedimento ou quando ocorrer intenso sofrimento" (art. 14, § 1°); "sempre que possível, as práticas de ensino deverão ser fotografadas, filmadas ou gravadas, de forma a permitir sua reprodução para ilustração de práticas futuras, evitando-se a repetição desnecessária de procedimentos didáticos com animais"(art. 14, § 3°); e "experimentos que possam causar dor ou angústia desenvolver-se-ão sob sedação ou anestesia adequadas" (art. 14, § 5°). Ainda sobre as condutas procedimentais nas pesquisas envolvendo animais, CONSELHO DA EUROPA, *Convenção para a proteção de animais vertebrados utilizados para fins experimentais e outros propósitos científicos* (1986), arts. 6°-12.

[373] URRUELA MORA, in: Romeo Casabona; Queiroz, *Biotecnologia e suas implicações ético-jurídicas*, p. 505-506.

[374] VESTING; MÜLLER, op. cit., p. 209.

plante esteja razoavelmente esclarecido, a estrutura normativa ainda é limitada e incerta, principalmente por causa da velocidade dos avanços das ciências biomédicas e também devido à necessidade de se estabelecer uma harmonização entre os diferentes países.[375] Deve-se, porém, aprofundar a discussão jurídica sobre a matéria e sobre a própria legitimidade da intervenção do direito penal na questão dos xenoransplantes, tendo em vista os princípios político-criminais da dignidade penal, da necessidade penal,[376] e da precaução.[377]

[375] Nesse sentido, MAZZONI; TALLACCHINI, op. cit., p. 513.

[376] Sobre os princípios da dignidade penal e da necessidade penal, v. SPORLEDER DE SOUZA, *Bem jurídico-penal e engenharia genética humana*, p. 139 e ss.

[377] A respeito da ligação do princípio da precaução com o xenotransplante, v. URRUELA MORA, in:Romeo Casabona; Freire de Sá, *Desafios jurídicos da biotecnologia*, esp. p. 486 e ss.; MAZZONI; TALLACCHINI, idem, p. 527 e ss.

Bibliografia

ALBURQUERQUE, E. *Bioética: una apuesta por la vida*. Madrid:Editorial CCS, 1997.

ALVES, M.; COLLI, W. Experimentação com animais: uma polêmica sobre o trabalho científico. *Ciência hoje* 39 (2006), vol.231, p. 24 e ss.

ANDRADE, R. *et.al*. *Contracepção: promoção da saúde sexual e reprodutiva*. Rio de Janeiro: Revinter, 2000.

ARAÚJO, F. *A hora dos animais*. Coimbra: Almedina, 2003.

ARÚS, M. Consentimento informado e o direito de recusar tratamento. In: Coronel, L. (Org.). *Psiquiatria legal: informações científicas para o leigo*. Porto Alegre: Conceito, 2004.

ASSIS TOLEDO, F. *Princípios básicos de direito penal*. São Paulo: Saraiva, 2001.

BARROS, M. Sigilo profissional. Reflexos da violação no âmbito das provas ilícitas. *Revista dos Tribunais* 733 (1976).

BEAUCHAMP, T.; CHILDRESS, J. *Princípios de ética biomédica*:. Trad. Luciana Pudenzi. São Paulo: Edições Loyola, 2002.

——; VEATCH, R. (ed.). *Ethical issues in death and dying*. New Jersey: Prentice Hall, 1996.

BENTHAM, J. Uma introdução aos princípios da moral e da legislação. In: *Os pensadores*. Trad. Luiz João Baraúna. São Paulo: Abril, 1984.

BITENCOURT, C. *Tratado de direito penal: parte especial* (vol. 2). São Paulo: Saraiva, 2007.

——. *Tratado de direito penal: parte geral* (vol. 1). São Paulo: Saraiva, 2008.

BLANCO CORDERO, I. Relevancia penal de la omisión o del exceso de información medica terapéutica. *Actualidad Penal* (1997), p. 575 e ss.

BROCK, D. Death and dying. In: VEATCH, R. (ed.). *Medical ethics*. Boston; Toronto; London;Singapure: Jones and Bartlett Publishers, 1997.

BROCK, D. Life-sustaining treatment and euthanasia. In: Post, S. (ed.), *Encyclopedia of bioethics* (vol.3). New York: Macmillan Reference USA, 2004.

BROEKMAN, J. *Bioética con rasgos jurídicos*. Trad.Hans Lindahl. Madrid: Editorial Dilex, 1998.

BRUNO, A. *Direito penal: parte geral (T.II)*. Rio de Janeiro: Forense, 1967.

CALDERONE, M. *Tecnicas anticoncepcionales*. Trad.J.Blengio. México: Editorial Interamericana, 1966.

CAPELO DE SOUSA, R. *O direito geral de personalidade*. Coimbra: Coimbra Ed., 1995.

CAPEZ, F. *Curso de direito penal: parte especial* (vol. 2). São Paulo: Saraiva, 2006.

CASTRO, M. Vasectomia. In: ANDRADE, R. *et. al. Contracepção: promoção da saúde sexual e reprodutiva*. Rio de Janeiro: Revinter, 2000, p.175-207.

CLOTET, J. *Bioética: uma aproximação*. Porto Alegre: Edipucrs, 2003.

COHEN,M.; FANO, A . "Gripe aviária". Uma advertência para parar o transplante de órgãos de animais. Disponível em http://www.fbav.org.br/xeno.htm. Acesso em 30/04/2009.

CONSTANTINO, C. *Delitos ecológicos: a lei ambiental comentada artigo por artigo: aspectos penais e processuais penais*. São Paulo: Atlas, 2002.

CONSTANTINO, L. *Médico e paciente: questões éticas e jurídicas*. Porto Alegre: Edipucrs, 2002.

CÓRDOBA RODA, Configuración de la imprudencia en el ámbito sanitario en el nuevo Código Penal, *Derecho y Salud* 4 (1996)

COSTA ANDRADE, M. *Consentimento e acordo em direito penal (contributo para a fundamentação de um paradigma dualista)*. Coimbra: Coimbra Ed., 1991.

——. Consentimento em direito penal médico – o consentimento presumido. *Revista Portuguesa de Ciência Criminal 14* (2004), p.117 e ss.

——. *Direito penal médico: SIDA: testes arbitrários, confidencialidade e segredo*. São Paulo; Coimbra: Revista dos Tribunais; Coimbra Editora, 2008.

COSTA JÚNIOR, P. *Código penal comentado*. São Paulo: DPJ, 2005.

——. *Comentários ao código penal: parte especial* (vol. 2). São Paulo: Saraiva, 1988.

——. *O direito de estar só: a tutela do direito à intimidade*. São Paulo: Siciliano Jurídico, 2004.

CRANFORD, R. Criteria for death. In: POST, S.(Ed.), *Encyclopedia of bioethics (vol.2)*. New York: Macmillan Reference USA, 2004, p. 602-608.

D'ÁVILA, F. *Crime culposo e a teoria da imputação objetiva*. São Paulo: Revista dos Tribunais, 2001.

DELMANTO, C. *et.al. Código penal comentado*. Rio de Janeiro: Renovar, 2007.

DINIZ, M. H. *O estado atual do biodireito*. São Paulo: Saraiva, 2002.

ENGELS, E-M. The moral status of animals in the discussion of xenotransplantation (part I). *Revista de Derecho y Genoma Humano* 13 (2000), p.165 e ss.

——. The moral status of animals in the discussion of xenotransplantation (part II). *Revista de Derecho y Genoma Humano* 14 (2001), p.183 e ss.

ESER, A. *Derecho penal, medicina y genética*. Trad. vários autores. Lima: Idemsa, 1998.

——. Perspectivas do direito (penal) da medicina. *Revista Portuguesa de Ciência Criminal 14* (2004), p.11 e ss.

FAGOT-LARGEAULT, A. Experimentação no homem. In: Hottois, G.; Parizeau, M-H. *Dicionário da bioética*. Trad.Maria de Carvalho. Lisboa: Instituto Piaget, 1998.

FEIJÓ, A. *Utilização de animais na investigação e docência: uma reflexão ética necessária*. Porto Alegre: Edipucrs, 2005.

FERBER, W. Esterilización en el varón. In: Calderone, *Tecnicas anticoncepcionales*. Trad.J.Blengio. México: Editorial Interamericana, 1966.

FIGUEIREDO DIAS, J. *Direito penal*. Parte geral. Tomo I. São Paulo; Coimbra: Revista dos Tribunais; Coimbra Ed, 2008.

——. *Direito penal.* Parte geral. Tomo I. Coimbra: Coimbra Ed, 2004.

——. Na era da tecnologia genética: que caminhos para o direito penal médico? *Revista Portuguesa de Ciência Criminal 14* (2004), p.241 e ss.

——; SINDE MONTEIRO, J. *Responsabilidade médica em Portugal.* Lisboa: Separata do Boletim do Ministério da Justiça, 1984.

FIGUEIREDO, R. *Da participação em suicídio.* Belo Horizonte: Del Rey, 2001.

FRAGOSO, H. *Lições de direito penal: parte especial (I).* São Paulo: Bushatsky, 1976.

——. *Lições de direito penal: parte geral.* Rio de Janeiro: Forense, 1991.

FRANÇA, G. *Comentários ao código de ética médica.* Rio de Janeiro: Guanabara Koogan, 1997.

——. Segredo médico. In: Lana, L.; Figueiro, A. *Temas de direito médico.* Rio de Janeiro: Espaço Jurídico, 2004.

FRANCO, A. *et.al. Código penal e sua interpretação jurisprudencial.* São Paulo: Revista dos Tribunais, 1995.

FREEDMAN, B. Unethical research. In: Reich, W. (ed.). *Encyclopedia of bioethics.* New York: Macmillan, 1995.

FREITAS, F. *et.al. Rotinas em ginecologia.* Porto Alegre: Artmed, 2006.

FRISCH, W. Consentimento e consentimento presumido nas intervenções médico-cirúrgicas. *Revista Portuguesa de Ciência Criminal 14* (2004), p.67 e ss.

GIMBERNAT ORDEIG, E. *Ensayos penales.* Madrid: Tecnos, 1999.

GOFFI, J-Y. Experimentação no animal. In: Hottois, G.; Parizeau, M-H., *Dicionário da bioética.* Trad. Maria de Carvalho. Lisboa: Instituto Piaget, 1998.

GOLDIM, J.R. A avaliação ética da investigação científica de novas drogas: a importância da caracterização adequada das fases de pesquisa. *Revista HCPA* (Hospital de Clínicas de Porto Alegre e Faculdade de Medicina da UFRGS) 27 (2007), p.67 e ss.

GOMÉZ-HERAS, J. Introducción. In: Gómez-Heras (coord.); Velayos Castelo; Espinosa Rubio. *La dignidad de la naturaleza: ensayos sobre ética y filosofia del medio ambiente.* Granada: Comares, 2000.

GONZAGA, J. *Violação de segredo profissional.* São Paulo: Max Limonad, 1976.

GUERRA GONZÁLEZ, J. Prevention of the xenogenic infection risk and the spanish and german constitutions. *Revista de Derecho y Genoma Humano* 20 (2004), p.123 e ss.

GUERRA, R. Sobre o uso de animais na investigação científica. *Impulso* 15(2004), p. 87-102.

HATCHER, R. *et.al. Pontos essenciais da tecnologia de anticoncepção.* Baltimore: Escola de Saúde Pública Johns Hopkins, 2001.

HEYWINKEL, E.; SCHUPPE, H-C; BECK, L. Sterilisation. In: Korff; Beck; Mikat (Hrsg.), *Lexikon der Bioethik.* Gütersloh: Gütersloher Varlagshaus, 1998.

HUME, D. *Investigação sobre o entendimento humano.* São Paulo: Escala, s/d.

HUNGRIA, N. *Comentários ao código penal* (vol. V): arts.121 a 136. Rio de Janeiro: Forense, 1953.

JAKOBS, G. *Suicídio, eutanásia e direito penal.* Trad. Mauricio Antonio Ribeiro Lopes. Barueri: Manole, 2003.

JENNETT, B.; PLUM, F. Persistent vegetative state after brain damage: a syndrome in search of a name. *The Lancet*, 1 (1972), pp. 734-737

JONAS, H. *El principio de responsabilidad. Ensayo de una ética para la civilización tecnológica.* Trad. J. Fernández Retenaga. Barcelona: Herder, 1995.

KATZ, J. *Experimentation with human beings. The authority of the investigator, subject, professions, and state in the human experimentation process.* New York: Russel Sage Foundation, 1972.

KAUFMANN, A. Relativización de la protección jurídica de la vida?. In: MIR PUIG (Ed.), *Avances de la medicina y derecho penal.* Barcelona:PPU, 1988.

KNAUER, C. Ärztlicher Heileingriff, Einwilligung und Aufklärung – Überzogene Anforderungen an den Arzt?. In: Roxin, C.; Schroth, U. (Hrsg.), *Medizinstrafrecht: Im Spannungsfeld von Medizin, Ethik und Strafrecht.* Sttutgart;München;Han nover; Berlin; Weimar; Dresden: Boorberg, 2001.

KREPPER, P. *Zur Würde der Kreatur in Gentechnik und Recht. Thesen zum gentechnischen Umgang mit Tieren in der Schweiz unter Berücksichtigung des internationalen Rechtsumfelds.* Basel; Frankfurt am Main: Helbing und Lichtenhahn, 1998.

KUNDE, A. *et. al.* Anticoncepção. In: Freitas et.al., *Rotinas em ginecologia.* Porto Alegre: Artmed, 2006.

LEIMBACHER, J. Zur rechtlichen Bedeutung der Würde der Kreatur (gemäss Art. 24novies Abs.3BV). In: Bandolfi; Lesch; Pezzoli-Olgiati (Hrsg.), *Würde der Kreatur: Essays zu einem kontroversen Thema.* Zürich: Pano Verlag, 1997.

LOCH, J. *La confidencialidad en la asistencia a la salud del adolescente.* Porto Alegre: Edipucrs, 2002.

MAGALHÃES NORONHA, E. *Direito penal (vol.2).* São Paulo: Saraiva, 1981.

MANTOVANI, F. *I trapianti e la sperimentazione umana nel diritto italiano e straniero.* Padova: Cedam, 1974.

MANTOVANI, F. Rapport national. *Revue Internationale de Droit Pénal* 59 (1988), p.1.011 e ss.

MARCOUX, H. Cuidados paliativos. In: Hottois, G.; Parizeau, M-H. *Dicionário da bioética.* Trad. Maria de Carvalho. Lisboa: Instituto Piaget, 1998.

MARTÍNEZ, S. *Manipulación genética y derecho penal.* Buenos Aires: Editorial Universidad, 1994.

MAZZONI, C.; TALLACCHINI,M. Os xenotransplantes: produção de animais transgênicos como fonte de órgãos. Trad. Rafael Basile. In: Romeo Casabona, C. M.; Freire de Sá, M. (coords.), *Desafios jurídicos da biotecnologia.* Belo Horizonte: Mandamentos, 2007.

MEISEL, A. Right to die, policy and law. In: Post, S.(Ed.), *Encyclopedia of bioethics (vol.4).* New York: Macmillan Reference USA, 2004.

MILARÉ, É.; COSTA JÚNIOR, P. *Direito penal ambiental: comentários à Lei 9.605/98.* Campinas: Millenium, 2002.

MONIZ, H. Segredo médico. *Revista Portuguesa de Ciência Criminal* 4 (2000), p. 629 e ss.

NACONECY, C. *Ética e animais.* Porto Alegre: Edipucrs, 2006.

OST, F. *A natureza à margem da lei. A ecologia à prova do direito.* Trad. Joana Chaves. Lisboa: Piaget, 1997.

PABST, I. Medizinische Forschung unter besonderer Berücksichtigung des Humanexperiments. In: Kaufmann, A. (Hrsg.), *Moderne Medizin und Strafrecht. Ein Vademecum für Ärzte und Juristen über strafrechtliche Grundfragen ärztlicher Tätigkeitsbereiche.* Heidelberg: C.F. Müller Juristishcer Verlag, 1989.

PARIZEAU, M-H. Esterilização. In: Hottois, G.; Parizeau, M-H., *Dicionário da bioética*. Trad.Maria de Carvalho. Lisboa: Piaget, 1998.

PASSOS, E. *et al*. Videolaparoscopia. In: Freitas *et al*., *Rotinas em ginecologia*. Porto Alegre: Artmed, 2006.

PEDROSO, F. *Homicídio, participação em suicídio, infanticídio e aborto (crimes contra a vida)*. Rio de Janeiro: Aide, 1995.

PINHO NETO, J. et. al. Anticoncepção cirúrgica voluntária feminina. In: Andrade, R. et.al. *Contracepção: promoção da saúde sexual e reprodutiva*. Rio de Janeiro: Revinter, 2000.

PRADO, L. *Curso de direito penal brasileiro: parte geral*. São Paulo: Revista dos Tribunais, 1999.

——. *Direito penal do ambiente*. São Paulo: Revista dos Tribunais, 2005.

——. *Curso de direito penal brasileiro* (vol. 2). Parte especial: arts.121 a 249. São Paulo: Revista dos Tribunais, 2008.

REGAN, T. *Jaulas vazias*. Porto Alegre: Lugano, 2006.

RODRÍGUEZ, V. *Tutela penal da intimidade: perspectivas da atuação penal na sociedade da informação*. São Paulo: Atlas, 2008.

ROMEO CASABONA, C. M. Aspectos específicos de la información en relación con los análisis genéticos y con las enfermedades transmisibles. *Progresos en diagnóstico prenatal* 10 (1997), p.523 e ss.

——. *Comentarios al código penal: parte especial*. Valencia: Tirant lo Blanch, 2004.

——. *El derecho y la bioética ante los límites de la vida humana*. Madrid: Editorial Centro de Estudios Ramón Areces, 1994.

——. *Genética y derecho. Responsabilidad jurídica y mecanismos de control*. Buenos Aires: Astrea, 2003.

——. *Los delitos contra la vida y la integridad personal y los relativos a la manipulación genética*. Granada: Comares, 2004.

——. O consentimento informado na relação entre médico e paciente: aspectos jurídicos. In: Romeo Casabona, C. M; Queiroz, J. (Coords.) *Biotecnologia e suas implicações ético-jurídicas*. Belo Horizonte: Del Rey, 2005.

——; URRUELA MORA, A. New legal developments in xenotransplantation: the spanish approach. *Revista de Derecho y Genoma Humano* 39 (2008), p.111 e ss.

ROSAL BLASCO, B. El tratamiento jurídico-penal y doctrinal de la eutanasia en España. *Revista Brasileira de Ciências Criminais* 12 (1995), p.11 e ss.

——. La participación y el auxilio ejecutivo en el suicidio: un intento de reinterpretación constitucional del artículo 409 del código penal. *Anuario de Derecho Penal y Ciencias Penales*, Tomo XL (MCMLXXXVII), p. 73 e ss.

ROXIN, C. A apreciação jurídico-penal da eutanásia. Trad. Luis Greco. *Revista Brasileira de Ciências Criminais* 32 (2000), p.9 e ss.

——. *Derecho penal: parte general (T.I.)*. Trad.D-M Luzón Peña, M.García Conlledo, J. Remesal. Madrid: Civitas, 1997.

——. *Strafrecht. Allgemeiner Teil (Bd.I)*. München: C.H. Beck, 1997.

SARLET, I. *Dignidade da pessoa humana e direitos fundamentais na Constituição Federal de 1988*. Porto Alegre: Livraria do Advogado, 2004.

SCHMIKOWSKI, P. *Experiment am Menschen. Zur strafrechtlichen Problematik des Humanexperiments*. Stuttgart: Ferdinand Enke Verlag, 1980.

SEPAROVIC, Z-V. National report. *Revue Internationale de Droit Pénal* 59 (1988), p.1.295 e ss.

SILVA, P. *Convenção dos direitos do homem e da biomedicina anotada*. Lisboa: Edições Cosmos, 1997.

SILVA, T. *Liberdade de expressão e direito penal*. São Paulo: Ibccrim, 2000.

SILVA SÁNCHEZ, J. La responsabilidad penal del médico por omisión. In: Mir Puig (Ed.), *Avances de la medicina y derecho penal*. Barcelona: PPU, 1988.

SINGER, P. *Ética Prática*. São Paulo: Martins Fontes, 1994.

——. *Libertação animal*. Trad. Mary Winckler. .São Paulo: Lugano, 2004.

SOGAYAR, R. *Ética na experimentação: consciência & ação*. Botucatu: Fundação de Estudos e Pesquisas Agrícolas e Florestais, 2006.

SOUZA, D. Sigilo profissional e prova penal. *Revista Brasileira de Ciências Criminais* 73 (2008), p.107 e ss.

SPORLEDER DE SOUZA, P. V. *Bem jurídico-penal e engenharia genética humana: contributo para a compreensão dos bens jurídicos supra-individuais*. São Paulo: Revista dos Tribunais, 2004.

——. Breves reflexões sobre os elementos normativos negativos do tipo. *Revista Jurídica* 339 (2006), p. 73 e ss.

——. Considerações jurídico-penais acerca das intervenções biomédicas. *Boletim do IBCCRIM* 166 (2006), p. 14-15.

——. *Direito penal genético e a lei de biossegurança (Lei 11.105/2005): comentários sobre crimes envolvendo engenharia genética, clonagem, reprodução assistida, análise genômica e outras questões*. Porto Alegre: Livraria do Advogado, 2007.

——. Intervenções genéticas em seres humanos: aspectos jurídico-penais. In: Romeo Casabona, C. M.; Freire de Sá, M. (coords.), *Desafios jurídicos da biotecnologia*. Belo Horizonte: Mandamentos, 2007.

——; TEIXEIRA NETO, J.; CIGERZA, J. Experimentação em animais e direito penal: comentários dogmáticos sobre o art. 32, § 1°, da Lei 9.605/1998, e o bem jurídico "dignidade animal". In: Molinaro, C. A. et.al. (Orgs.). *A dignidade da vida e os direitos fundamentais para além dos humanos; uma discussão necessária*. Belo Horizonte: Fórum, 2008.

TAVARES, J. *Direito penal da negligência*. São Paulo: Revista dos Tribunais, 1985.

TAYLOR, C. Planeamento familiar: principios básicos. In: Calderone, *Tecnicas anticoncepcionales*. Trad.J.Blengio. México: Editorial Interamericana, 1966.

TEUTSCH, G. Die *Würde der Kreatur. Erläuterungen zu einem neuen Verfassungsbegriff am Beispiel des Tieres*. Bern; Stuttgart; Wien: Paul Haupt, 1995.

URRUELA MORA, A. O xenotransplante como técnica de futuro. Rumo a um marco ético em relação ao xenotransplante. In: Romeo Casabona, C. M; Queiroz, J. (coords.), *Biotecnologia e suas implicações ético-jurídicas*. Belo Horizonte: Del Rey, , p.485 e ss.

——. Transgênese e direito: princípios da responsabilidade e precaução à luz do xenotransplante. In: Romeo Casabona, C. M.; Freire de Sá, M.(coords.), *Desafios jurídicos da biotecnologia*. Belo Horizonte: Mandamentos, 2007.

VARELLA, M.; PLATIAU, A.F. *Princípio da precaução*. Belo Horizonte: Del Rey, 2004.

VARGA, A. *Problemas de bioética.* Trad. Guido Edgar Wenzel. São Leopoldo: Ed. Unisinos, 1998.

VÁSQUEZ, A. *Ética.* Rio de Janeiro: Civilização Brasileira, 2003.

VESTING, J.; MÜLLER, S. Xenotransplantation: Naturwissenschaftliche Grundlagen, Regelung und Regelungsbedarf. *Medizinrecht* 5 (1997), p.203 e ss.

VIEIRA, S.; HOSSNE, W. *Experimentação com seres humanos.* São Paulo: Moderna, 1987.

WOOD, C. Esterilización de la mujer. In: Calderone, *Tecnicas anticoncepcionales.* Trad.J.Blengio. México: Editorial Interamericana, 1966.

ZIPF, H. Problemas del tratamiento curativo realizado sin consentimento en el derecho penal alemán y austríaco. Consideración especial del transplante de órganos. In: Mir Puig, S. (ed.). *Avances de la medicina y derecho penal.* Barcelona: PPU, 1988.

Impressão:
Evangraf
Rua Waldomiro Schapke, 77 - P. Alegre, RS
Fone: (51) 3336.2466 - Fax: (51) 3336.0422
E-mail: evangraf.adm@terra.com.br